konsum

K-Spaning från ovan

Sverige för femtio år sedan och hur landet ligger idag

Text & idé

Göran Willis

Trafik-Nostalgiska Förlaget
TNF-bok 95

Innehåll

K-Spaning från ovan

TEXT & IDÉ Göran Willis

NYTAGNA FOTON Där inget annat anges, Martin Willis
PRODUKTION Trafik-Nostalgiska Förlaget, Tommy Bäckström
GRAFISK FORM & SÄTTNING Ateljé Hunting Flower AB
BILDBEARBETNING Friska Tryck AB
TRYCK modintryckoffset ab, Liljeholmen 2010
BOKBINDNING Bibliotekstjänst Farsta, Stockholm 2010
ISBN 978-91-86275-30-3

K-SPANING BEDRIVS BÄST LÄNGS DE GAMLA RIKSVÄGARNA. HÄR RIKSETTAN VID BRÅVIKEN

Detta har hänt

Finns det något mer nostalgiskt än ett urblekt flygfoto över soffan i ett kök på landet. Man har stannat till i en ensligt belägen by för att fråga efter vägen. En doft av kokkaffe, en klocka tickar, ljudet från en TV i ett annat rum. Det inramade fotot över gården har hängt där i många år och tappat en hel del av sin forna karisma. Det är en ständigt närvarande påminnelse om tidens gång. Att gamla färgfoton bleknar gör dem till extra starka tidsmarkörer.

Saker försvinner ur landskapet utan att vi alltid tänker på det.

På femtiotalet fanns det hundratusen mjölkpallar i landet, idag kanske endast ett par hundra. Minns någon hässjorna? Gödselstacken? Mjölkbaren?

Många gamla mötesplatser har upphört att fungera. Nya har förvisso uppstått, men på något sätt är informationsdisken på Jysk Bäddlager eller P-automaten vid Coop Forum inte en lika pratvänlig miljö som en gång en lanthandel eller barserveringen på ett motell var. För att inte tala om landets alla mindre mackar. I *Jolo i Sverige* från 1976 gör Jan Olof Olsson spaningen att macken var det sista ställe som fanns där man kunde ”hänga”. ”Ty tack vare hängarna har mackarna blivit som forna dagars skjutshåll.”

Märkligt, för övrigt, att han redan då använde detta idag så trendiga ord.

K-SPANING FRÅN OVAN är en bok som vill påminna om den gradvisa förändringen av landet. Ett foto från förr kan hjälpa oss att komma ihåg hur det såg ut och kanske ännu viktigare – vem var jag då? Hur trodde jag att framtiden skulle bli när jag var åtta år?

Varje kapitel inleds med en gammal flygbild som blir upptakten till en historia om just den platsen. En Gulfmack i Vena, nedlagd 1992 men inte riven, blir också en representant för alla andra småmackar runt om i landet. Någon läsare kommer att tänka på BP-gubben som nyckelring, en annan på Texacos utmärkta bilkartor eller på hur motorkunnig mackpersonalen var förr. Som Berndt med sin Shell-tatuering.

Alla har vi starka minnen som är förknippade med platser. Men om macken läggs ner, lanthandeln stängs och den gamla vägen rätas ut blir det svårare att komma ihåg. Som om ens fotoalbum hade brunnit upp.

Det Sverige som sakta försvinner har i alla fall fastnat på de miljontals flygfoton som finns bevarade. Många hänger kvar över kökssoffan, sålda av någon kringresande försäljare från flygfotoföretaget. De allra flesta ligger som okopierade negativ i arkivhyllorna. Ett Sverige som fortfarande går att framkalla.

Göran Willis

MAT
MODE
DISKOTEK
KIOSK
BENSIN
FINA
BENSIN
KIOSK
FINA
BILVÅRD
FINA

Det svängde om Sväng In

Plötsligt var folkpark och jukebox helt passé. I slutet av sextiotalet var det bara diskotek som gällde. Så även på skånska landsbygden visade det sig. Ett trångt dansgolv, några spotlights, en häftig diskjockey med mikrofon som mixade det senaste från England, USA och Frankrike.

När jag som sjuttonåring närmade mig Le Tabou i Gamla Stan och hörde basdunket tränga upp från källaren vid Skottgränd 9 kändes allt rätt. *Tonight is going to be a good night!* Stockholm, London, Paris, New York, alla storstäder hade sina polerade diskogolv.

Men hur kom Knislinge utanför Kristianstad med i matchen? Den frågan ställer jag mig när jag bromsar in framför Preemmacken och det stängda diskoteket med sina originella, ovala fönster. Skulle detta ha varit Skånes trendigaste nöjespalats?

Det som hade väckt min nyfikenhet var att jag fått höra att det belgiska bensinbolaget Fina 1970 ville satsa på en helt ny typ av nöjesinriktad bensinstation i Sverige som kombinerade mack med diskotek och trendiga boutiquer. Pensionären Arne Holmqvist var då försäljningsdirektör på svenska huvudkontoret i Malmö och han, om någon, borde veta mer om det belgiska bensinbolagets glamorösa planer.

– Det stämmer att de ville satsa. Vi fick fria händer och så gott som obegränsade ekonomiska resurser. Det var svårt att hitta ledig

INVIGNINGEN AV PARTYMACKEN SOMMAREN 1970 VAR EN STORSTILAD SAK

DISKODANS PÅ INVIGNINGSKVÄLLEN. NOTERA BENSINFATEN I TAKET OCH PREMIÄRGÄSTERNAS TIDSTYPISKA KLÄDER

mark men uppe i Knislinge blev det en tomt ledig. Trots att den låg granne med kyrkogården som kanske behövde utvidgas sa kommunrådet till oss: ”Fina ska få köpa marken, om vi så ska begrava folk stående!” Fina ville ha en djärv arkitektur så vi anlitade Göteborgsarkitekten Leif Kjellberg som nyligen varit i Swingin' London och där imponerats av ett modernt nöjespalats.

1968 hade Chelsea Drugstore slagit upp portarna på popgatan Kings Road. Arkitekturen var extrem med mycket glas och betong och ovala fönster. Chelsea Drugstore hade öppet sent på kvällarna och innehöll cocktailbar, restaurang, tidningsstånd, skivaffär och trendiga modeboutiquer. Ett exempel på ställets höga hipfaktor är att det är omnämnt i Rolling Stoneslåten *You can't always get what you want*.

Året innan öppnade förlagan Drugstore St Germain i Paris. Drugstore Stureplan i Stockholm var också på gång. Ingenstans hade Drugstorekonceptet flyttats ut till motorvägen och kombinerats med bensinförsäljning. Vid riksväg 19 i norra Skåne vågade Fina i alla fall satsa på denna osannolika typ av modern mötesplats. Det är bara att buga sig för det modet! Och de ovala fönstren fick följa med från Kings Road.

Knislinge saknade nöjesställen och befolkningsunderlaget med många ungdomar var det rätta, tyckte Fina. Deras djärva idé var att kombinera mack och diskotek. Visionen var en ny sorts stationsanläggning där tonvikten inte låg på bilprodukter utan på nöjesliv; swimmingpool och minigolf för barnen,

FRÅN BÖRJAN HADE SVÄNG IN EN EGEN POOL FÖR GÄSTERNA

DE FEM OVALA BURSPRÅKSFÖNSTREN HADE URSPRUNGLIGEN BLÅ INRAMNING OCH RÖDA MARKISER

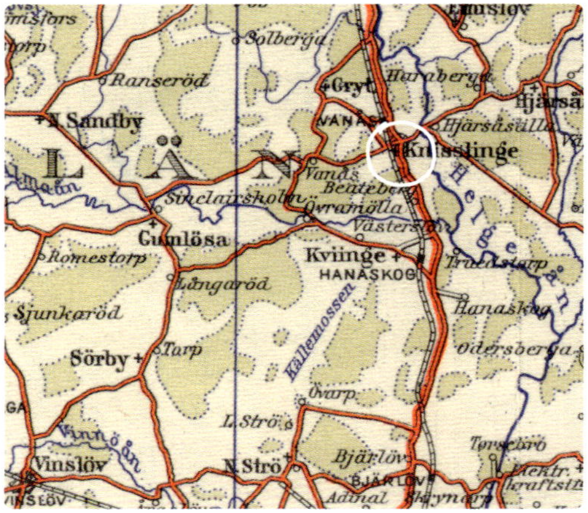

DISKJOKEY SEBASTIAN STONE POSERAR FÖR ARBETETS FOTOGRAF SOMMAREN 1970

internationell restaurang och resebyrå för föräldrarna samt trendig boutique och diskotek för ungdomarna. Den unika satsning döptes till Sväng In och invigdes sommaren 1970.

Malmötidningen Arbetet skickade upp sin unge reporter Lars Longueville och fotograf Bo Ingvar Jönsson för en intervju med Sväng Ins engelske diskjockey.

– Bo Ingvar fick honom att posera i gräset under Knislingeskylten med den ultramoderna anläggningen i bakgrunden, minns Lars som sparat ett urklipp av sin artikel. Det blev en riktigt lyckad bild som förstärkte kontrasten mellan den världsvane diskjockeyn och den skånska landsbygden.

Diskjockeyn hette Sebastian Stone och hade jobbat på radiostationer i London och Los Angeles i flera år innan han anställdes av engelska ljudföretaget Sound Around, som levererade avancerade ljudanläggningar till diskotek. Fina anlitade Sound Around för Sväng In i Knislinge och Sebastian Stone följde med för att se till att allt fungerade. Han stannade i tre månader och såg till att det svängde rejält på Skånes nya nöjesställe. Hans motto var "Let's go with the Stoneshow. Let's go in Knislinge!" När uppdraget var slutfört hade han också ordnat fram en efterträdare till DJ-båset.

Arne Holmqvist drar sig till minnes de hektiska sommardagarna 1970.

– Alla höjdare från huvudkontoret i Bryssel hade kommmit upp hit för att vara med om den storstilade invigningen. Landshövdingen klippte av bandet, Family Four

VÅREN 2010 FINNS HELA DISKOTEKSBYGGNADEN KVAR MED NÄSTAN INTAKT INREDNING OCH SVAGT SKÖNJBAR LOGOTYPE PÅ FASADEN

spelade och bensinbolagsfolk och Knislingebor minglade och bjöds på kalla drycker av speciellt inhyrda drinkflickor i kortkort. Stämningen var mycket god och de hitresta belgarna var mycket nöjda med vad de såg. Sväng In var ett experiment. Vi skulle utveckla en modell för framtidens bensinstation. Om vi lyckades skulle Sväng In vara den första i en lång rad nöjesmackar.

Inredningen var också spektakulär. Lennart Sheuer hette inredningsarkitekten som hade valt sjuttiotalsmaterialen plast och spånskiva samt bensintunnor i plåt. Färgerna var gult, orange, guld och rött. De orangelackerade bensinfaten blev både taklampor och bardisk. Dansgolvet levererades av Perstorp och målades i guldfärg precis som fondväggen. Innanför de utskjutande ovala fönstren blev det fem eleganta bås med soffor, mässingsräcken och guldmålad inramning. Hit var det meningen att man skulle kunna dra sig tillbaka om man gjort en ny bekantskap på diskogolvet, eller bara ville ha en bra position för att spana. Kronan på verket var

EN KINAKROG TOG ÖVER DISKOTEKSLOKALEN MEN HAR EFTER NITTON ÅR FLYTTAT UT

en mycket påkostad, psykedelisk ljusorgel som inte bara ändrade färg efter ljudvolym utan även efter tonhöjd.

Finas hitresta direktörer blev så förtjusta att man omedelbart gav klartecken för ytterligare en Sväng In-anläggning i Sverige i samma stil, berättar Arne Holmqvist. Den kom att hamna i Hudiksvall.

– Om du besöker OK Öster där kan du än idag se spår av Sväng In även om diskoteket upphörde 1983.

På Sväng In i Knislinge blev diskoteksperioden ännu kortare. Sebastian Stone-effekten varade bara den första sommaren. De svenska diskjockeys som kom efter honom var helt enkel inte lika bra. Efter de första nyfikna besöken började publiken tveka inför resan till norra Skåne. Knislinge var trots allt ett litet samhälle.

– Den lokala publiken var mycket tapper och gick flitigt på Sväng In, berättar Gun Hansson som lämnade kontorssysslorna på Fina i Malmö för att ta över restaurangen och diskoteket på Sväng In 1973.

– Det första jag gjorde var att lägga ner diskoteket. Det bar sig inte längre. Istället satsade jag på styrdans till levande orkester och abonnerade festkvällar. Vi körde lite ungdomsdisko också dagtid.

Det här blev dödsstöten för Finas storvulna planer på en trendig nöjesmack. 1984 köptes Fina upp av Svenska Petroleum, sedermera OK, och några år senare blev diskotekslokalen kinakrog.

Våren 2010 är det, minst sagt, lite lugnare här. De ovala fönstren på kortändan av det stora komplexet syns på långt håll, när vi närmar oss. På den stora vita byggnadens långsida kan man än idag skönja konturerna av de versala bokstäverna SVÄNG IN. Det står ännu China Inn på de urblekta markiserna.

Swimmingpoolen är igenfylld och marken där den en gång låg är täckt av stora stenplattor. Med lite god vilja kan man se en badande barnfamilj framför sig en solig sjuttiotalslördag – och höra stojet. Alla spår av minigolfbanan är utraderade. Genom fönstren till diskoteket kan man skönja den en gång så häftiga inredningen. Lamporna av oljefat hänger kvar i taket och påminner inte så lite om undersidan av NASA:s månraket Saturn V.

Inne på Preem jobbar Nils Olov Isinger. Han berättar att kinakrogen återanvände stora delar av originalinredningen och höll till i diskotekslokalen i nitton år. De har nyligen flyttat vidare till den närbelägna golfklubben.

– Så nu står den fina lokalen oanvänd med sina originalmöbler och det är ju lite synd. Ibland kommer det in en nostalgisk kund och berättar om vilket hålligång det var här i lilla Knislinge i början av sjuttiotalet. Tyvärr kan jag inte släppa in någon längre. Dörrarna är igensatta.

På väg hemåt längs Göingebygdens kurviga småvägar finns Sväng In kvar på näthinnan. Denna djärva sjuttiotalssatsning som kunde blivit början på det roliga för alla diskosugna bilister i hela landet.

Skratt, skrot och skrik

Själva banan är väl inte så sensationell. En vanlig idrottsoval någonstans i Sverige. Men resten, allt runtikring, är märkligt. Det är inte hästar eller motorcyklar som tävlar, utan ett femtontal bilar.

Amerikanska kärror från trettiotalet verkar det som, tänker jag och granskar flygfotot med lupp. Runt ovalen sitter ett par tusen åskådare. Det är en fin försommardag med endast lätt vind.

Flygfotot är taget i maj 1957 och föreställer Eslövs Motorstadion. Säkerligen ingick motivet inte i fotografens uppdrag. Men det finns kvar bland Aerobilders fem miljoner negativ och kan drygt femtio år senare berätta om en kortvarig fluga i Sverige. Flugan hette stockcar och surrade i ynka fem somrar, mellan 1955 och 1959.

Historien om stockcar börjar i Charlotte, i delstaten North Carolina i USA. Själva uttrycket stockcar betyder standardvagn, en vanlig personbil från lagret (the stock). Specialbyggda bilar var inte tillåtna. "Strictly stock series" var mottot när Big Bill France grundade National Association for Stock Car Auto Racing, (NASCAR), 1949. Den första stockcartävlingen hölls i Charlotte i juni samma år.

Man ska tänka på att motorintresset var på topp i USA vid den här tiden. Under kriget tillverkade Detroits bilfabriker enbart stridsvagnar och andra militärfordon. 1945 hade

bildesignen stått still ett tag och bilmodellerna hade fortfarande trettiotalets strömlinjeformade utseenden.

Oldsmobile Rocket-88 från 1949 med 202 hästkrafter under huven var de bästa förarnas favoritkärra. I den allra första tävlingen fanns hela sex stycken på startlinjen. Den andra tävlingen gick i den sömniga hålan Daytona på Floridas östkust. Loppet gick längs stranden och tillbaka på Highway 1. Topphastigheten låg på 300 km/tim. När sandmolnet hade lagt sig 2 timmar och 33 minuter senare visade det sig att Gober Sosbee i sin Rocket-88 hade vunnit, läser jag i standardverket *Stock Cars* av John Craft.

Stockcar introducerades i Sverige samtidigt som speedway hade en downperiod.

DET VAR KROCKAR OCH VÄLTNINGAR SOM LOCKADE STOR PUBLIK TILL DE SVENSKA STOCKCARBANORNA

Stockcar var en tävlingsform med garanterad underhållning. På flera platser i landet började man bygga om speedwaybanor för stockcar. Raksträckorna skulle helst vara åtta till tio meter breda. Runt banan satte man upp stålvajrar som spändes mellan vadderade stolpar. Publiken, som satt säkert uppe på träläktare, fick se veritabla krockfester. 15 bilar släpptes iväg samtidigt i varje heat om 20 varv.

För att att komma först över mållinjen gällde det att knuffa konkurrenterna av banan. Ett knep var att smyga upp längs sidan på en motståndarbil och försöka få den att tippa över. De mest utstuderade förarna hade försett sina bilar med den speciella tippkroken ”Balder”. Arrangörerna visste vad som gick hem hos publiken och erbjöd 50 kronor i extrapris för varje vältning.

”Reglerna” i den svenska versionen av stockcar racing var enkla. Det gällde att kom-

ma först över mållinjen, punkt och slut. Sedan fick man ta sig till vad som helst på banan – välta sina konkurrenter, köra på dem, köra över dem. Bilarna som användes var företrädesvis stora amerikanska V-åttor från trettiotalet. De brändes rena inuti och försågs med störtbågar, rutorna sparkades ur, motorerna trimmades – och så var det bara att köra. Så småningom började man också förse bilarna med frontskydd, tillverkade av järnvägsräls – gissa om det smällde när två sålunda utrustade bilar körde in i varandra."

Så skrev motorjournalisten Gunnar "Frippe" Friberg 1980 i den tillbakablickande artikeln i Se "Stock car – sporten som bara var skrot". "Frippe" jobbade på femtiotalet på tidningarna Racing och FART där Lasse Åkeby var redaktör. Det var denne som tillsammans med sin gode vän Lasse Alcén introducerade stockcar i Sverige 1954.

"Lasse Åkeby, som var en stor traventusiast hade vid sitt årliga besök i Vincennes utanför Paris råkat få se en rundbanetävling för skrotbilar. Han kom hem igen, vild av entusiasm och samtidigt kunde vi, i de fåtaliga amerikanska motortidningar som letade sig hit, läsa om någonting som kallades för "stock car races", alltså tävlingar för standardbilar, eller direkt översatt bilar i lager, lagerförda bilar. I dessa tävlingar var bilarna nya från början, men under tävlingens gång skrotades de ganska häftigt…".

Artikeln som Lasse Åkeby publicerade i Racing 1954 fick ett enormt gensvar hos läsekretsen. De ville veta allt om reglementen, och bilarnas utrustning. Redan i januari 1955

fanns ett antal färdigutrustade stockcarbilar ute i landet.

Den första tävlingen hölls i Osby i februari på en sandad isbana. Oscar Svensson vann i en Ford Coupé från trettiotalet och fick omedelbart smeknamnet "Hästveda-Oscar. Han skulle komma att bli en av de riktigt framgångsrika stockcaråkarna. Andra som gått till historien är "Trä-Erik" Salomonsson, "Skorstens-Jonte" Svensson, Henry "Bråttom" Hagelin och bröderna Månsson från Vimmerby. Dessutom fanns den skickliga trion Sylvia Östergren, Egon Wohlin och Hans Radefalk som dessutom tillhörde elitskiktet inom banracing och rally.

Om man var duktig kunde man åka hem prispengar och eftersom det tävlades varje helg och ibland även i veckorna, kunde årsförtjänsten för en duktig åkare bli avsevärd. "Hästveda-Oscar" körde under en säsong hem 74 000 kronor har hans son räknat ut, vilket motsvarade en normal arbetarårslön. Dessutom hade han roligt på jobbet.

Prissumman i finalen låg på 300 kronor men ännu mer fick segraren i "Rövarheatet". Där tävlade alla bilar som missat finalen, ofta ett trettiotal kärror. De här krockfesterna var tävlingarnas höjdpunkt. Bilar välte, fick kylaren förstörd, tappade hjul, rullade runt. Allt i hög fart och dånande motorljud. Förarna eggades av att prissumman på 500 kronor var högre än i finalen. Publiken älskade varje minut av showen.

Stockcar marknadsfördes som "SKRATT, SKROT OCH SKRIK". På de 56 tävlingar som arrangerades 1956 kom uppåt en halv miljon åskådare. Till Södra Motorstadion i Handen kunde det komma 20 000 personer och lika många trängdes på träläktarna i Uppsala, Östersund, Gävle, Sveg, Bispgården, Avesta, Kumla, Värnamo, Linköping, Eslöv, Osby och Malmö.

"Det gick nästan inte en helg utan att den trasgranna karavanen av gamla lastbilar, släpvagnar och skrotbilar drog iväg till någon speedwaybana vars ägare behövde pengar. Det var tingeltangel, ballongförsäljning och loppmarknader, korvgubbar och gycklare – alla tog sig chansen att göra sig en hacka när det var stockcarracing på gång", skrev "Frippe" i Se.

På tidningarna Racing och FART jobbade även Ragnar Headgate som annonssäljare. I USA hade han snappat upp idén med att sälja reklamplats på

RED BYRON MED SIN FORD COUPÉ BLEV DEN ALLRA FÖRSTA NASCARSEGRAREN 1949

tävlingsbilarna. Han gjorde likadant i Sverige med stor framgång. Som konferencier på tävlingar kunde han upprepa bilarnas reklambudskap:

FOLK FÖREDRAR FORD
KÖR INTE PÅ MIG – KÖR PÅ NYNÄS
LÄS FART

Eller så roade han publiken med de mer eller mindre ekivoka slogans som många förare dekorerat sina bilar med:

FARLIGA KURVOR
eller
19 ÅR OCH OKYSST

De tre första säsongerna var stockcar en stor publikmagnet. Trots bensinransonering som en följd av Suezkrisen 1957 blev även den sommaren bra med publiksiffror på runt 10 000 på tävlingarna. Året därpå började publiken svika. Orsaken var ”stallbildning”, menade Gunnar ”Frippe” Friberg.

”Förarna började bilda gäng och hjälpte varandra på banan. Alla icke stallanslutna vräktes av banan och sedan gjorde grabbarna i stallet formellt upp om placeringarna. Efteråt delade man på prispengarna.”

Publiken hade sakta men säkert börjat inse att loppen de bevittnade var ”riggade”. Dessutom hade tävlingarna blivit mindre farliga på grund av nyinförda säkerhetsregler.

Stockcar var en renodlad femtiotalsföreteelse i Sverige. Våren 1960 var det ”riktiga” motortävlingar som gällde. Storpublik kom till banorna i Knutstorp, Falkenberg och Karlskoga. Dessutom gjorde speedway en stark comeback, mycket tack vare vår nya, internationellt framgångrika storstjärna Ove Fundin. Vänsterbensssläparna började kräva sina banor tillbaka.

Den USA-inspirerade stockcarflugan kom, sågs, segrade – och försvann. Men detta var den stora publiken på flygfotot från maj 1957 lyckligt ovetande om. De visste inte heller att ryssarna snart skulle skrämma USA från vettet med Sputnik 1. De väntade bara otåligt på finalheatet i Östra Kärrstorp. Skulle ”Hästveda-Oscar” fixa ännu en seger i sin trimmade Ford Coupé?

Stockcar som sport finns förevigad i långfilmen *Åsa-Nisse ordnar allt*, där Hans Radefalk agerar stuntförare i en stockcartävling. En renodlad stockcarfilm är *The Last American Hero (Racerbanans hjälte)* från 1973 där Jeff Bridges spelar den legendariske stockcarföraren Junior Johnsson som tävlade i elva år och blev invald i motorsportens Hall of Fame.

Som förste svensk någonsin i en amerikansk Nascartävling gör Mattias Ekström debut i Sonoma i Kalifornien i juni 2010. På varv 36 av de 110 går han upp i ledningen och i tolv varv är han etta, för att till slut hamna på en meriterande 21:a plats. Den amerikanska pressen öste lovord över den svenske rookien som körde hem 911 000 kronor i prispengar.

Är det månne läge för en revival för den en gång så populära stockcarsporten på hemmaplan?

EN AV POJKBOKSFÖRFATTAREN SIVAR AHLRUDS POPULÄRA MYSTERIEBÖCKER UTSPELAR SIG VID STOCKCARBANAN

Axhults – en tidsficka vid Riksettan

”Jag brukade då stå och titta på det lilla här och var jungfruligt gräsbevuxna torget och på den en aning lutande lyktstolpen med fotogenlyktan, som inte varit tänd på många år, och på skolan, som mest såg ut som ett missionshus, och på den av allehanda varor fullproppade diversehandeln, som ståtade med granna och emaljerade reklamskyltar för läskedrycker och skurpulver och andra ting som inte längre fanns, och som hade en praktfullt röd bensinpump.”

Walter Ljungquist,
Resande med okänt bagage, 1938

Så långt det är möjligt bilar jag på de gamla riksvägarna när jag är ute och reser i landet. Min gamla Mercedes från 1972 har inget emot cruising i 75 kilometer i timmen. Blaupunktbandaren levererar on-the-road-låtar. Vindrutan är nervevad. Livskänslan förhöjs. Skillnaden mellan att åka gamla kurviga Riksettan och raka, breda E4:an är stor, som mellan fransk och engelsk kokkonst.

En favoritsträcka ligger nere i södra Småland. Om man kommer från Helsingborgshållet är Riksettan extra njutbar från Örkelljunga ända upp till Vaggeryd. Ett bra sätt att stimulera fokuseringen på femtiotalet är att ta en fika med pariservåffla på Central Konditoriet i Markaryd. Här finns hela rekvisitan med galonsoffor, Perstorpsbord, turkosa väggar och kitschiga tavlor. Sedan är det bara att följa Riksettan norrut genom det bördiga landskapet. När vägen kommer till en by går den rakt igenom och man får sakta ner. Då kan man passa på att titta på hur folk bor. Som i Axhult.

Här ligger en av de finaste speceriaffärer jag någonsin sett. Skulle platsa i vilken Astrid Lindgrenberättelse som helst. Det vitmålade huset ligger precis utmed vägen med utsikt över Lagan.

Sedan tidigare besök här vet jag att Lennart och Ingrid Ohlsson stängde sin lanthan-

LENNART OHLSSON OCH HÄSTKROKEN

del 1990 när kundunderlaget i byn blivit för litet. Och att affären sedan dess är en tidsficka där hyllorna fortfarande är fyllda av idag utdöda – och utgångna – varor. Produkter som yngre människor inte hört talas om eller ens förstår vad de ska användas till. Gengaständstickor, galoschlack, mjölkfilter, DDT-spray ...

Ingen verkar vara hemma. Jag har ringt ett par gånger i förväg utan att få svar. Kanarieöarna? Jag går runt husknuten för att kolla om bilen är hemma. Där sitter de och smuttar på ett glas vitt.

– Välkommen, du hade tur. Vi har varit borta hela förmiddagen och sågat ved. Kom tillbaka nyss och tyckte att vi var värda en paus i vårsolen.

De visar gärna runt i butiken, men innan vi går in visar Lennart en järnkrok där man kunde ha hästen fastknuten medan man handlade. Förklaringen är att affären öppnade i slutet på 1800-talet långt innan smålänningarna började köra bil.

– Och träbokstäverna där uppe på väggen är handgjorda av en snickare i Axhult. Vissa år måste jag ta ner och vårrusta dem. Orden SPEC. DIV. under AXHULTS är förkortningar som inte många yngre förstår idag. Det är de gamla begreppen Speceriaffär och Diversehandel, alltså både torra livsmedel som kryddor, gryn, socker och kaffe samt diverse prylar som köksredskap, träskor, damtrosor och kepsar. Allt sånt finns kvar därinne.

Inga gamla varor är längre till salu.

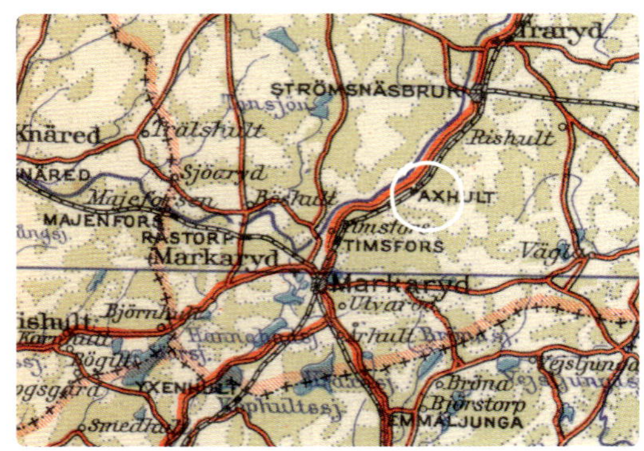

LENNART OCH INGRID OHLSSON I SIN VÄLFYLLDA LANTHANDEL

Extra
Extra
bred
troll
tvätt
högaktivt tvättmedel
gör tvätten vit och ren
- ger ÖNSKETVÄTT
NABO
SPECIAL
det självverkande
tvättämnet
Svenskt patent
MOHAB
PER
Henkels
disk- och rengörings-
medel
Standard
Tvättpulver
GARANTERAS
fritt från alla för tvätt-
kläder skadliga ämnen
Vapon
disk- och rengörings-
medel
Kupongfritt
Persil-fabrikerna
PER
för grovtvätt disk och rengöring
Henkel
Luna
MED
FETTALKOHOL
HP
diskpulver
KVALITET
LYX
KAFFE
KUPONGFRITT
MINAS
KAFFE
SHELL
DITRENE
F
BESPRUTNINGSMEDEL MOT FLUGOR
A.-B. SVENSKA SHELL
ALABASTER
TVÄTTPULVER
PUCK
FÖR
Blötläggning
Disk och Rengöring
FRITT FRÅN KLOR
Henko
för
blötläggning
av tvätt och
avhärdning
av hårt vatten
Utan klor
Persil-fabrikerna
Johnson
Propp-
lösare
STAR
POLERMEDEL
ALUMINIUM-
PUTS
TJIPPO
Fin på
ROSTFRITT
TRE STJÄRNOR
VITA
med
EKONOMI
NYCKEL

Däremot säljer Ingrid lite egen hemslöjd. Hon står på sin invanda plats bakom den vackert brunlackerade disken. Hela inredningen är från 1947 och är specialtillverkad för affären av Bröderna Borgströms snickeri i Markaryd. Hon ler roat när hon ser hur kul jag tycker det är att upptäcka gamla förpackningar som jag trodde att jag glömt. När använde någon senast torrschampo, denna urfåniga sjuttiotalsprodukt som mest framkallade klåda. Eller plastkapsyler att återförsluta läskflaskor med? När försvann tolvraders stryktips? Jag minns bara att min pappa ansåg sig tvungen att helgardera den nya trettonde raden i sin stående rad som han haft i många år. Ingrid och Lennart har kvar alla AB Tipstjänsts blanketter och den gula reklambollen i glas på fasaden, som signalerade att man var tipsombud.

Ingrid och Lennart tog över affären 1964. När de startade saknade byn barnfamiljer och lönsamheten pekade nedåt för ICA-affären.

– Det var en chansning helt enkelt, säger Ingrid.

De hade dock lite tur. Barnalstrandet tog fart och fler barnfamiljer flyttade dessutom in till Axhult. Som mest fanns det över tjugo barn i byn. Mot slutet av åttiotalet minskade befolkningen åter och 1990 tvingades Ingrid och Lennart konstatera att affären inte bar sig och de fick stänga för gott.

– Det är den dåliga lönsamheten som är anledningen. Det är med saknad jag lämnar butiksrörelsen, sa Ingrid i en intervju med lokaltidningen.

– Det har inte bara handlat om försäljning. Affären har ju fungerat som en social träffpunkt. Folk har kommit hit och pratat, berättat om bekymmer, sorgligheter och om allt roligt som hänt. Man har hela tiden träffat en massa folk och ställt upp för varandra.

Jag frågar Lennart om de funderat på möjligheten att öppna affären igen, nu när bägge är pensionärer.

– Det skulle inte gå, kundunderlaget är för litet. Idag är många hus härikring uppköpta av danska turister som bara är här under sommartid.

Däremot tar de gärna emot spontanbesökare och visar insidan av denna välförsedda speceri- och diversehandel. Och när besökarna blivit rejält köpsugna finns ju alltid Ingrids småländska hemslöjd.

GALOSCHLACK OCH GENGASTÄNDSTICKOR TILLHÖR EN ANNAN TID

GULF
Gulf

En gammal mack får nytt liv

Första gången jag såg den var när jag var på väg till Hultsfredsfestivalen. Det växte gräs på pumpön, men de tre vita Starpumparna stod kvar. Det gick snabbt att konstatera att den här macken i Vena inte hade varit öppen på länge. Själva stationshuset var väldigt stort och verkade ha inrymt både garage, butik och bostad. På kortsidan satt Gulfskylten kvar med ljusgrå eternitplattor som bakgrund. Inte en människa syntes till, ingen som kunde stilla min nyfikenhet.

Sju år senare hittar jag spaningsbilden från Småland och gör ett försök att ta reda på lite mer. Det visar sig att en pensionär vid namn Olof Olsson köpt huset med tillhörande pumpar. Flera som jag pratar med på telefon säger att han "äntligen fått lite ordning på tomten och kört iväg en massa bråte."

– Jo, det stämmer, säger Olof Olsson. När jag köpte stället för tre år sedan bestämde jag mig för att snygga till och göra en nostalgimack. Gulfstationen hade varit stängd sedan 1992. Då lade Lars-Gustav Jonsson av efter 49 år. Själv är jag road av gamla bilar och har för närvarande en Hillman Combi från 1966. Många veteranbilsåkare stannar till här och nu till sommaren hoppas jag komma igång med en liten servering. Jag kan hjälpa till med bilreparationer och har också en del tillbehör till äldre bilar på lager.

Olof Olsson berättar att han haft oturen att få flera skyltar som suttit på fasaden stul-

FÖR SJU ÅR SEDAN FANNS DEN MÖRKBLÅ GLASKERAMISKA GULFLOGON ÄNNU KVAR

na, fast i några fall har polisen fått tag på marodören och vissa skyltar är åter på plats. Men den stora runda Gulfskylten saknar han. Ställningen ute vid vägen står kvar och Olof hoppas kunna hitta en identisk skylt till ett överkomligt pris.

Några veckor senare är det dags för en K-spaningsresa söderut. Jag har tur. Olof sitter i solen framför mackhuset och snackar med en stamkund, Henry Karlsson, som har en traktor inlämnad på reparation här. Han verkar ha väntat på mitt besök för han går omedelbart in och hämtar ett uråldrigt foto från den tid då kåken bara inrymde en cykelverkstad.

– Du måste komma in och titta i den gamla butiksdelen. Det är lite skräpigt men på hyllorna finns en hel del smått och gott.

Han har helt rätt. Det är ganska rörigt och fullt av äldre, begagnade bilprylar. Precis som på bilskrotar verkar allting ändå vara sorterat efter något osynligt mönster och Olof vet var han har grejorna.

OLOF OLSSON HAR DAGEN TILL ÄRA TAGIT PÅ SIG SKÄRMMÖSSAN

GULF
SOM NY
GULF

– En sådan här dubbelåttabandspelare var det länge sedan du såg, eller hur? Jag har flera stycken som fungerar och även ett antal Blaupunkt New Yorker för vanliga kassetter. Och så all gammal Gulfreklam som jag själv kommer ihåg från min barndom. Folk som passerar Vena är välkomna in. Det här är en sorts loppmarknad för bilprylar.

Det visar sig att vi vuxit upp i närheten av varandra på femtitalet och att hans familj, precis som mina föräldrar, tankat på den stora Gulfstationen vid Stocksundsbron i Inverness.

– Det som jag helst skulle vilja få tag på från den tiden är Gulfs nyckelringar. Och så saknar mina pumpar därute ännu de runda orangeblå logotypedekalerna.

Något som Olof lyckats få tag på är Gulfs klassiska lösa versaler i mörkblå glaskeramik. Själva huset har han fräschat upp utvändigt genom att måla om den ljusgrå eternitfasaden i en varmgul färg. Göran Pettersson, som arbetar med miljöfrågor på kommunen, kommer förbi av en slump och bekräftar att det hänt positiva saker här vid den gamla macken.

Till sommaren kanske Olof får upp de eleganta Gulfbokstäverna på fasaden. De som en gång satt på kortändan över butiksfönstret, men som stals under de år huset stod övergivet.

INNE BLAND ALL BRÅTE I DEN FÖRE DETTA BUTIKEN FINNS EN OLJEBAR

ÖVERGRAN · C-LÄN · 1958

DEGERFORS · T-LÄN · 1960

VIMMERBY · H-LÄN · 1960

JÄRNA · B-LÄN · 1958

NÅS · W-LÄN · 1959

SKOG · X-LÄN · 1959

BYSKE · AC-LÄN · 1959

SÖDERÅKRA · H-LÄN · 1961

Bron i Vaholm County

Han böjde sig fram och stack in handen i handskfacket. Hans underarm råkade snudda vid nedre delen av hennes lår. Med blicken till hälften riktad genom vindrutan, till hälften in i handskfacket fiskade han fram ett visitkort som han räckte henne. 'Robert Kincaid, fotograf och skribent.'

"Jag är här på uppdrag av National Geographic", sa han. "Känner ni till den tidskriften?"

"Ja." Francesca nickade och tänkte: Vem gör inte det?

"De ska göra ett reportage om övertäckta broar och här i Madison County lär det finnas några intressanta sådana. Hittills har jag lokaliserat sex stycken, men det ska visst finnas en till och den bör ligga åt det här hållet.

Robert James Waller,
Broarna i Madison County, 1992

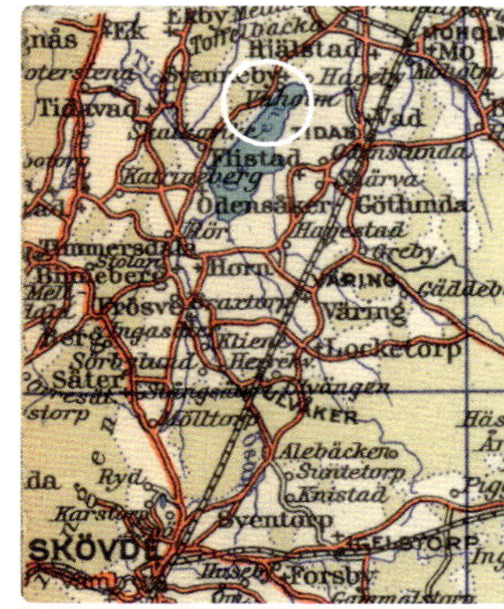

Det har än så länge inte skrivits någon roman som utspelar sig vid Sveriges enda täckta träbro i västgötska Vaholm. Ändå är den lika bildskön som de amerikanska broar som var inspiration för den romantiska succén Broarna i Madison County.

Vaholms träbro är också dåligt utnyttjad i Västergötlands turistinformation. Den har bara fått tre rader på Skövde kommuns hemsida. Själv fick jag tipset av en vän som är arkitekt och mycket road av originella byggnader. Han hade inte sett den med egna ögon, men visste att den låg vid Tidan.

I USA är man mycket mer intresserad av ”broar med hus på”. I Robert James Wallers roman *Broarna i Madison County* åker en fotograf från National Geographic Magazine

på spaning i en Chevrolet Pickup. I Iowa hittar han sju stycken bland annat den 35 meter långa, rödmålade Roseman Bridge från 1883 som sträcker sig över Middle River. En väderbiten och vackert åldrad träbro av den gamla sorten, ett perfekt fotoobjekt.

Att fotografen dessutom får kontakt med en kvinna från trakten, när han ska fråga efter vägen och att starka känslor uppstår, är så att säga en bonus. Tack vare filmatiseringen blev Roseman Bridge världsberömd och intresset för den här originella och ålderdomliga byggnadstypen växte.

Övertäckta broar började byggas i Centraleuropa redan på medeltiden. I Luzern finns den 220 meter långa Kapellbrücke från 1333. Även i Bulgarien, Österrike och Schweiz finns det riktigt gamla täckta broar.

Anledningen till att träbroarna förságs med sidor och tak var helt enkelt att man ville öka deras livslängd. En täckt bro skyddar körbanan, som tillverkas av dyrare, sågat timmer. Till sidor och tak

EN MERCEDES PÅ VÄG IN GENOM BRON PÅ SKARABORGS MOTORVETERANERS ÅRLIGA SOMMARRALLY

kan däremot enklare virke användas. Det kan bytas ut vid behov utan att ägaren ruineras.

Täckta träbroar från artonhundratalet är fortfarande förvånansvärt vanliga i USA. Enbart i Madison County väster om Chicago finns det sju stycken. Delstaten Pennsylvania har över 200 och i lilla Vermont finns det hela 107 täckta träbroar.

Amerikaner är ett nostalgiskt släkte och deras broar har med åren blivit omtyckta besöksmål. I staden Winterset i Madison County har man sedan 1970 en årlig "Covered Bridge Festival" med veteranbilsrally, rockabillyband och guidad busstur till traktens sju broar. Boken och filmen har gjort de täckta broarna till Madison Countys eget varumärke.

Vår enda bro av den här typen byggdes i mitten av artonhundratalet, cirka trettio år före Roseman Bridge, och finns dokumenterad på en karta från 1880. Då innebar bron en stor tidsbesparing för jordbruket på Vaholms gård vid ån Tidan. Man hade odlingsmark på bägge sidor om ån och en bro var den naturliga lösningen, men det förklarar inte varför man lät bygga en övertäckt bro. Varifrån kom inspirationen?

Byggnadsantikvarie Thomas Carlquist på Västergötlands museum vet det mesta om bron, till exempel att den är byggd som en hängverksbro i två spann om totalt 34 meter. Huvudreglarna är av rundtimmer och på dem står längsgående ”spännstolar” som bär upp körbanan. Själva brohuset är fristående och byggt på traditionellt sätt med en enkel stolpkonstruktion. Huset är klätt med faluröd panel som nedtill har en sågad uddkant.

– Varken bron eller konstruktionen är särskilt unik i sig – det är kombinationen som gör Vaholms täckta träbro enastående, säger Thomas Carlquist.

Thomas har hämtat mig vid Skövde järnvägsstation i en gammal Volvo 760. Denna varma försommardag ska han träffa Jonny Tjäder från Bygghyttan i närbelägna Karlsborg. Uppdraget är att tillsammans med brons ägare Carl-Gustaf Bloom titta närmare på ett av brofästena där stenar har lossnat och rasat ner i ån.

Vi åker på väg 200 norrut mot det lilla samhället Tidan där Thomas insisterar på en fika så att han får visa upp Österbergs Konditori, ett mycket charmigt ställe visar det sig. Det ligger i en uppseendeväckande modernistisk byggnad från 1956. På fasaden står ordet Condis i turkos neon. Vi sitter på uteplatsen och kan beundra både den, den svarta glasmosaiken runt fönstren samt en gauloiseblå Volvo P1800 i toppskick som just bromsar in på kundparkeringen.

Medan vi rullar vidare berättar Thomas att bron var i mycket dåligt skick på åttiotalet, men att ägaren kontaktade länsmuseet för att rådgöra om en renovering.

Vi har kommit in på den privata vägen upp mot Vaholms gård och vidare mot bron som vi till att börja med kör igenom. Väl ute i solljuset på andra sidan svänger Thomas in på den minimala turistparkeringen där Bygghyttans firmabil står.

Det är alldeles vindstilla. Tidan ligger spegelblank. Vattnet doftar mete och sommar. Den röda långsträckta Vaholmsbron dominerar platsen på ett alldeles självklart sätt.

Carl-Gustaf Bloom kommer ner från gården och inspektionen kan börja. Själv går jag runt och spanar inne i brohusets halvdunkel. Många gamla detaljer sparades vid den senaste renoveringen 1992, bland annat

DEN STORA FÖRDELEN MED TÄCKTA TRÄBROAR ÄR ATT DET SKYDDAR VIRKET I VÄGBANAN

de vinkelvuxna bjälkarna och skalade timmerstockarna tjocka som gamla telefonstolpar. Det doftar gott av tjära från takspånen inne under brohusets tak. Det är svalt och skönt. En lejongul katt rusar igenom brohuset i full fart. Mitt på bron silar solljuset in från en halvöppen dörr. Den leder ut till brons mittfäste i ån och plattformen ser ut som fören på en båt. Här skulle man vilja sitta och meta aborre en hel dag.

In på parkeringen rullar nu familjen Windt från Hisingen. De är ute på en västgötatur och sonen Hans har just läst om bron på en informationstavla i närheten. De pratar lite med Carl-Gustaf Bloom och får höra brons historik.

Hur vanligt är det att turister kommer och tittar på bron? undrar jag.

– På sommaren kommer det folk ibland, berättar han. Det förekommer till och med att någon turistbuss svänger ner den korta sträckan från väg 200. Det måste bero på att chauffören känner till bron i förväg, för uppifrån vägen syns inte ån och då verkar bron bara vara en vanlig röd lada.

Bron är idag en privat väg och förutom gårdens folk är det bara brevbäraren och tidningsbudet som får åka på den. Skaraborgs Motorveteraner har också fått lov att använda den i samband med deras årliga rally.

– Och så brukar min dotter och hennes kompisar utnyttja den som genväg när de är ute och rider. Hon hade även sin studentskiva här inne vilket blev lite utöver det vanliga. Tänk att jag funderade att riva bron för trettio år sedan! Visserligen var den i dåligt skick,

PÅ ÅTTIOTALET HÖLL VAHOLMS TRÄBRO PÅ ATT RASA NER I ÅN

”Han hade förbrukat sju filmrullar, helt eller delvis, med de tre kamerorna och nu stack han in handen i fotovästen för att ta fram de resterande fyra filmerna. "Jäklar!" Häftstiftet stack honom i pekfingret. Han hade glömt att han stoppat det i fickan när han tagit ner lappen från Roseman Bridge. Faktum var att han hade glömt bort lappen också. Han fiskade fram den, vecklade upp den och läste: "Om du vill äta middag här igen när 'vita nattfjärilar sina vingar fäller ut', titta över ikväll när du är färdig med arbetet. Du kan komma när det passar.”

Robert James Waller,
Broarna i Madison County, 1992

BGB 727

men ändå. Som tur var frågade jag mina barn till råds och de sa spontant: "Pappa, du får inte riva den". Det var då jag kontaktade länsmuseet som kom hit och inspekterade.

Thomas Carlquist poängterar att det var just tack vare Carl-Gustaf Blooms initiativ som museet började engagera sig och även sökte bidrag från Riksantikvarieämbetet.

– Vi började med att undersöka vad en renovering skulle kosta. Av en slump fyllde Vägverket 150 år detta år och de tyckte att en renovering av den jämnåriga Vaholmsbron skulle passa bra in i deras jubileum. Sommaren 1992 var bron klar att återinvigas och en liten ceremoni hölls med folk från Vägverket, länsmuseet och några lokala journalister, berättar Thomas.

Carl-Gustaf Bloom ser inga problem med att turister kommer förbi för att beundra den riksunika bron.

– Jag tycker själv om gamla byggnader och att den här bron på mina marker har kunnat bevaras känner jag mig väldigt nöjd med. Brofästena i sten har ju hängt med sedan mitten på artonhundratalet. Det säger en hel del om den yrkesskicklighet man besatt då. Och nu kan bron bli en turistattraktion, om än i det mindre formatet.

Hur hittar man hit? Utgå från Mariestad vid E20 och åk väg 201 österut till väg 200 och därefter söderut mot Tidans samhälle. Ta av till höger mitt för Olstorps gamla festplats. Därifrån syns bron. Låt er inte luras av att den på håll ser ut som en vanlig lada. Den är precis lika romantisk som sin amerikanske kusin i Madison County.

BYGGNADSANTIKVARIE THOMAS CARLQUIST OCH BROÄGARE CARL-GUSTAF BLOOM

VAHOLMS TRÄBRO ÄR EN HÄNGVERKSKONSTRUKTION MED TVÅ SPANN OCH ÄR 34 METER LÅNG

HOTELL FILBYTER
Esso
Esso

Motellkärlek

Jag har alltid gillat motell. Både på film, i litteraturen och i verkligheten. Jag har stannat till vid Motell Filbyter flera gånger genom åren. Den här försommardagen för ett par år sedan blir första gången jag bor över här. Parkerar Mercan utanför dörren till rum 9. Det är ett gråtrist väder med duggregn, men bilen står bra under det utskjutande taket.

Motellrum är enkla. Så även detta. Lägger resväskan på ett litet väggfast bord och placerar min reselektyr *The Motel Life* av Willy Vlautin på sängbordet. Efter en snabbdusch går jag över till huvudbyggnaden för att prata med Gittan som tillsammans med sin man Siegfrid driver detta femtiotalsmotell. Undrar hur det går?

Om jag förstår henne rätt rullar det på ganska bra, framförallt om man kan göra mycket själv. Det är hennes man Siegfrid som sköter all matlagning. Det måste vara idealiskt att ägaren också är duktig kock. Jag tar kåldolmar med lingonsylt och en lättöl. Fyra andra sällskap sitter också i restaurangen och äter. Stämningen är behagligt lugn, nästan lite sövande.

Tillbaka i rummet igen sträcker jag ut mig på sängen och läser i romanen om motellivet. Fönstret mot baksidan står på glänt. Ett par hundra meter bort rullar trafiken på E4:an. Bruset är jämnt och svagt.

Den amerikanska författaren och musikern Willy Vlautin har funderat över motellens framtid: ”De flesta motellen ligger bara ett par kilometer från stan och många är inte ens riktiga motell längre. En gång i tiden bodde nykära och turister från hela landet här. Nuförtiden fungerar många som bostäder. Och människorna som bor där är på glid utför. Dom mår sämre och sämre, precis som husen.”

Läget är fortfarande perfekt. Motell Filbyter ligger vid Linköpings norra utfart där Riksettan en gång gick. Den 10 februari 1959 invigdes detta gedigna motell. Lokaltidningen Östgöta Correspondenten presenterade anläggningen på en helsida där även entreprenörerna skröt om sina insatser för det moderna motellet.

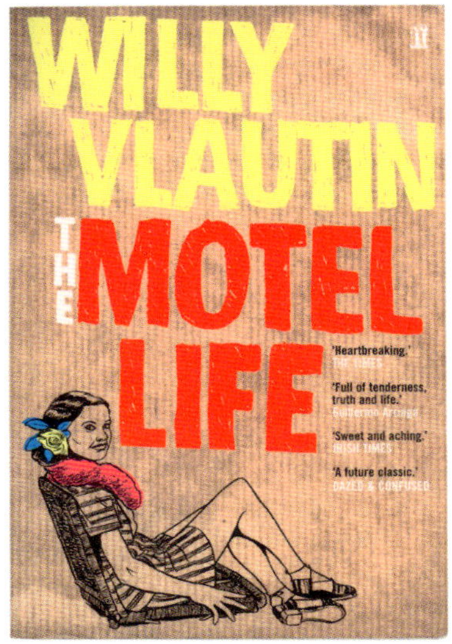

MOTELLRUMMEN ÄR ENKLA MEN KOMFORTABLA

”Filbyter nyaste motellet för riksettans bilister” skrev tidningen och fortsatte stolt att berätta att Östergötland hade fått en ny, stor Essostation och ett helt nytt motell. Det bestod av en tvåvåningsbyggnad i tegel samt ett annex med åtta rum. Motellet hade matsal, café och kök på nedre botten och fem enkelrum plus ett dubbelrum på övervåningen. I annexet fanns det klassiska motellboendet där gästerna kunde köra ända fram till dörren och parkera under det utskjutande taket. Den detaljen är fortfarande ett försäljningsargument för de motell som, trots allt, finns kvar. Hantverkare med dyra verktyg, försäljare med stöldbegärliga provkollektioner och ägare av veteranbilar är typiska kunder som vill ha ständig ögonkontakt med sitt fordon.

Motellrummen på Filbyter är enkla, men komfortabla. De har moderniserats efter hand, men i rum nummer 9 har man sparat originalinredningen. Resväskan kan fortfarande placeras på ett litet väggfast bord. Förr hade alla rum Cobratelefon. Idag är det röd Diavox som gäller i rum 9. Sängen är däremot ny, tack för det! På väggen hänger en kitchig målning som bidrar till den tidstypiska stämningen.

Matsalen, som ligger i huvudbyggnaden, hade en gång i tiden plats för 60 gäster. Östgöta Correspondenten tyckte att motellet var ”smakfullt inrett med oömma möbler, öppen spis, radio och TV”.

Förklaringen till att Filbyters fortfarande finns kvar är Siegfrid och Gittan. Hon heter egentligen Birgitta Wall, men blir förbaskad

när folk kallar henne för något annat än Gittan. På 90-talet sökte hon jobb som städerska på Filbyter. Hon träffade den nya ägaren Siegfrid Dzikus och fick jobbet. Tycke uppstod, som det heter, och på den vägen är det. Hon och Siegfrid satsade rejält på maten och erbjöd Biff à la Lindström, stekt falukorv och biffstek med lök. Gittans paradrätt var stekt salt sill som serverades varje dag vintertid. Matsalen var mer som en grillbar och rätterna beställdes med ringknapp vid menytavlan där rätterna var skrivna med de klassiska, vita Aviso-bokstäverna mot den mörkblå tygbakgrunden.

Det är lätt att inse hur modernt Motell Filbyter en gång var. Här kunde en barnfamilj på semesterresa bo och äta utan att ruinera sig. Och 1959 var tillgången till TV-apparat i matsalen en stor lyx, många hade inte haft råd att skaffa TV hemma ännu.

Precis intill Motell Filbyter ligger idag de dystra resterna av den påkostade bensinstationen som Esso invigde samtidigt med motellet. Bara en rektangulär, träpanelad huskropp återstår. Den fina glasmosaiken som prydde fasaden lär finnas kvar bakom plankorna. Man kan skymta en bit ljusgrå mosaik på ett ställe där en bräda lossnat. Glasbetongfönstren på baksidan är den enda detalj som andas femtiotal idag.

Varifrån kommer namnet, kan man undra? Enligt sägnen levde Folke Filbyter på 1000-talet och var stamfader till hela Folkungaätten. På 20-talet gjorde Carl Milles en staty av ättens anfader som av naturliga skäl placerades på Stora Torget inne i Linköping. Folke var en äkta Linköpingsbo helt enkelt. Att Filbyter dessutom har en annan, lite komisk betydelse för vägnötare gör att motellnamnet står i en klass för sig.

Motell är förstås en amerikansk idé och det allra första låg i Kalifornien 1926 och hette Milestone Motel och det var ägaren Arthur Heineman som skapade det nya, moderna begreppet genom att kombinera orden motor och hotel. På samma sätt skapade för övrigt tidningen Motor i Sverige det nya ordet moped av motor och velicoped. Vid den

europeiska Motell-federationens första konferens i Interlaken 1956 enades man om definitionen ”ett motell är ett hotell som har sin infart i direkt anslutning till en huvudled och som dessutom har en omfattande service för resande och motorfordon.”

Även världens första motellkedja startades av en amerikan. Det var Arkansasbon Kemmons Wilson som i början av femtiotalet startade Holiday Inn, ett namn han lånat från en populär film med Bing Crosby. 1972 hade hans kedja kommit upp i 1 500 motell.

PÅ FILBYTER KAN MAN SOVA OSTÖRT.
E4:ANS TRAFIK GÅR EN BRA BIT BORT

Flera amerikanska filmer har bidragit till ordet motells skabrösa klang. Som Hitchcocks *Psycho*, där Anthony Perkins gestaltar den galne motellägaren Norman Bates. Eller Vladimir Nabokovs två gånger filmatiserade skandalroman *Lolita*, där han 1955 beskrev de amerikanska motellen. ”Och nu började vår långa odyssé i Förenta Staterna. Av alla platser som är avsedda för att tjäna turister lärde jag mig snart att föredra de moderna

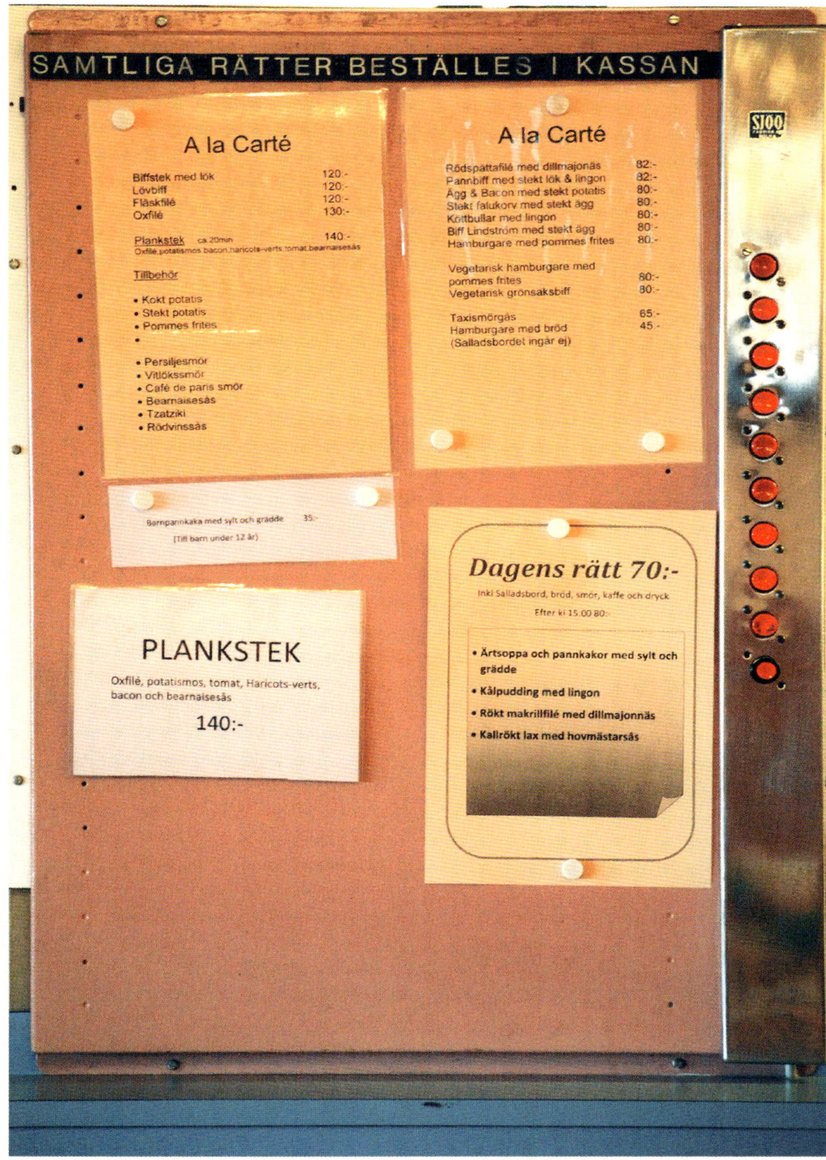

EN TRYCKNING PÅ DEN GAMLA RINGBARSKNAPPEN GER INTE LÄNGRE NÅGOT RESULTAT. MEN DET FINNS HUSMANSKOST

PÅ ETT KLASSISKT MOTELL KAN GÄSTERNA KÖRA ÄNDA FRAM TILL DÖRREN OCH PARKERA UNDER TAK

motellen – rena, prydliga och trygga små tillhåll, idealiska för sömn, gräl, försoning och otillåten kärlek i obegränsade kvantiteter.”

Vid ett återbesök hos Filbyter 2009 är det mesta sig likt. Tråkigt nog har Gittan fått problem med synen och har blivit sjukpensionär. Siegfrid kör på oförtrutet och har låtit bygga om köket för över en miljon. Ett allvarligt hot mot motellets framtid från byggföretaget Peab har undanröjts av Regeringsrätten. Peab ville bygga bostäder i närheten och ville därför bli av med motellet på grund av matos och trafikbuller. Deras ansökan om byggnadslov fick dock avslag.

Jag sitter åter i matsalen och känner mig som en bortkommen ungkarl. Ett ungt par äter mysmiddag. Vid ett annat bord sitter fyra yrkeschaufförer och fikar. Det finns ingen bar att hänga i. Äter upp och går över till rummet för lite tevetittning innan det är dags att sova.

Så är det nog. Det sociala livet på ett motell kvällstid är obefintligt. Alla drar sig tillbaka tidigt och även Filbyters stammisar verkar föredra mjölk eller Coca-Cola, trots att det finns starkare saker att tillgå. Förr i världen var det dans till orkester på fler av landets motell. Det var då som motellens rykte som vänsterprasslarnas diskreta paradis grundlades. Idag är tillgänglighet och prisvärd logi de nya argumenten för en motellnatt. Samt att det känns som om man är med i en film. Man får bara hoppas att det inte är *Psycho*!

MOTELL FILBYTER
HAR FORTFARANDE
ETT BRA LÄGE VID
GAMLA RIKSETTAN OCH
LINKÖPINGS NORRA UTFART

Ett urblekt flygfoto hänger över kökssoffan

– Jag kände tidigt att jag ville uttrycka mig konstnärligt. I tonåren tecknade jag mycket. Efter hand förstod jag att foto var min uttrycksform, säger Pereric Öberg, VD för Svenska Aero-Bilder.

Vi sitter på kontoret i Enköping. Under oss i det stora, före detta skyddsrummet finns fem miljoner flygbilder över Sverige. Pereric Öberg är fortfarande aktiv flygfotograf. Igår tog han en bild över Luthagen i Uppsala, förra veckan var han i Jämtland, men vägen till att år 2003 bli ägare till Sveriges ledande flygfotoföretag har varit långt ifrån spikrak.

– Jag är uppvuxen här i Enköping och när jag var i tonåren körde farsan varubuss för AB Insjöfisk. Jag fick följa med honom ut på landsbygden. När kunderna handlat klart fick jag hjälpa till att bära in varorna i huset. Man fick se hur folk hade det och ibland fick man lite dricks. Nånstans tror jag att mitt intresse för andra människor och för Sverige grundlades på de där resorna.

Den ökande bilismen och konkurrensen från den första generationens stormarknader – Wessel och Obs! – gjorde att många kunder övergav varubussarna och de flesta fick läggas ner. Både Pereric och hans pappa var tvungna att fundera på andra sätt att förtjäna uppehället.

Efter avslutad skolgång tog Pereric jobb som prismärkare i en livsmedelsaffär. Det var inte ett jobb han tänkte hålla på med hela livet. När hans pappa kom hem efter ett tvåveckors provjobb som försäljare för en flygfotofirma blev Pereric omedelbart inspirerad.

BÅSTNÄS · S-LÄN · 1960

ERSÅKER · Z-LÄN · 1960

PÅ SPANING EFTER GÅRDAR ATT PLÅTA

PERERIC ÖBERG MED SIN NYFÖRVÄRVADE HASSELBLADARE

Jobbet gick ut på att besöka gårdar på landsbygden och erbjuda ägarna att köpa ett inramat flygfoto av den egna gården. Försäljarna var ute på långa turnéer. För Pererics pappa som var gift och hade fyra barn var detta inte så lämpligt. För Pereric var den sortens liv dock inget hinder och han hörde av sig till Svenska Aero-Bilder och fick jobbet som försäljare.

– Det första uppdraget var att med fyra andra säljare åka upp till Frösön och med ett pensionat som bas göra hembesök på de gårdar som firman tagit bilder av. Det rörde sig om tusentals kåkar och vi bodde däruppe i ett halvår.

– Det gick bra för mig direkt. Jag märkte att jag var bra på att sälja. Franz Norman, som var chef då, hade noterat att jag alltid släpade runt på en kamera och han frågade om jag kunde åka med i helikoptern på ”à la carte-uppdrag”. På så sätt fick jag tidigt kontakt med själva flygfotograferingen.

– Hela åttiotalet jobbade jag som säljare. Det var roligt och jag tjänade ganska bra, får man säga. Lönesystemet har alltid varit uppbyggt på provision och sålde man 30–40 tavlor på en månad blev det en rejäl slant.

Det var efter andra världskriget som kommersiell flygfotografering av gårdar på landsbygden tog fart. 1950 hade flera företag expanderat. Störst var Aerobilder i Vetlanda, AB Stockholms Aero (ASA) och Skandinavisk Aerotjänst (SAT).

– När jag började i branchen 1979 var konkurrensen stenhård, berättar Pereric. Alla gjorde sina marknadsundersökningar för att få veta om konkurrenterna nyligen haft försäljare ute. Att förutse vilken region som de andra stod i begrepp att fotografera gick inte. Och inte kunde man, som guldgrävare, muta in områden.

– Det var lite som i Vilda Västern – man fick skjuta först och fråga sen. Efter en snabbframkallning på hemmaplan fick vi säljare ge oss ut i bil med kollektionsväskan under armen. Kunden hade tre format att välja mellan.

På åttiotalet var det fortfarande vanligt med kringresande försäljare. Bodde man på landet kunde man bli erbjuden att köpa både dammsugare, uppslagsverk och försäkringar vid dörren. Så Pereric och hans kollegor var långt ifrån de enda som var ute och knackade dörr.

– Det viktigaste var att poängtera att köparen skulle få ett helt nytt perspektiv på sitt hus och sin tillvaro och att det skulle bli väldigt dyrt att ordna ett flygfoto på egen hand. Sedan tryckte vi på att fotot skulle bli ett viktigt tidsdokument som kommande generationer skulle uppskatta.

Vad har Pereric gjort som egna spaningar under åren? Vad lägger han märke till runt husen? Vad syns tydligare från luften?

– En sak som förändrat sig är antalet redskap på en bondgård. Förr såg man traktorer, harvar, plogar och alltid en stor gödselstack. Idag är det ganska prydligt runt gårdarna, få synliga redskap och gödselstacken är ersatt av en reglementsenlig urinbrunn. På fälten var hässjor dominerade förr. Idag är de ersatta av de vita ensilagerullarna.

– Sedan ser man många vackra mönster på åkrar och sädesfält. En bonde som svängplöjer har ingen aning om vilka konstverk han skapar i leran. Jag har genom åren tagit många bilder från luften bara för att jag sett ett ovanligt motiv. Där får jag utlopp för mitt behov av konstnärligt skapande (se bilduppslagen i början och slutet av boken).

Pereric Öberg avancerade på företaget och sedan 2003 äger han det också. Han har dock aldrig slutat att följa med helikopterpiloten upp och ta bilder. Det är det roligaste, menar han, och med åren får man ett öga för hur en gård bäst plåtas.

– Man närmar sig målet och har kort tid att bestämma sig på. Man tittar och går sedan på magkänslan. Finns det en sjö, ett gult rapsfält eller en kyrka i närheten försöker man få med det. Man tar en bild och så iväg till nästa gård.

Klar himmel är en förutsättning. Vid växlande molnighet kan molnsskuggorna göra att en åker ser ut som en leopardpäls. Det gäller att ha koll på väderprognoserna. Fotograferingen pågår mellan mitten på maj och mitten på september. I Norrland blir det en del vinterfotografering också.

När Pereric köpte Svenska Aero-Bilder flyttades företaget från Stockholmsförorten Farsta till Enköping, där det legat sedan dess. De flesta av de forna konkurrenterna har lagt ner verksamheten och deras arkiv har efter hand köpts upp. Idag kommer konkurrensen från nyetablerade finska företag.

Pereric tror inte att folks intresse för att köpa ett inramat flygfoto kommer att minska.

– För det första tar vi hela tiden nya bilder. Sedan finns också vårt arkiv med i runda slängar fem miljoner bilder tagna från slutet av fyrtiotalet och framåt.

– På i stort sett vartenda ett av dessa foton är motivet ett privat hus på landet. De flesta människor är intresserade av släktens historia och även om mormor eller farfar inte köpte flygbilden av sitt hus finns negativet kvar här.

PERERIC ÖBERG HAR SETT DET MESTA AV SVERIGE FRÅN OVAN

KÖPMANNEBRO · P-LÄN · 1961

HOFORS · X-LÄN · 1959

TÅME · AC-LÄN · 1959

FYRBY · E-LÄB · 1960

OPE · Z-LÄN · 1959

SÄTERED · S-LÄN · 1958

GLAVA · S-LÄN · 1959

TYNDERÖ · AC-LÄN · 1959

TEXACO

Vykort från en gotländsk lanthandel

En sommardag hittar jag ett gammalt vykort i Kutens nyöppnade antikvariat Laterna Magica på Fårö. Vykortet är från femtiotalet och visar en Caltexmack och en lanthandel. Fotot är taget från luften och enligt texten på baksidan föreställer det Jacobssons lanthandel i Stenkumla. Ett typiskt gotländskt ortnamn. Det ligger en mil söder om Visby visar det sig.

Undrar hur det ser ut där idag? Finns det stora skärmtaket och den röda Caltexpumpen kvar. Kan man tanka där nuförtiden?

Vintern 2010 sitter jag i Visby och skriver. Kylan håller medeltidsstaden i ett järngrepp. Den ena dagen är den andra ganska lik. Utsikt över snötäckta tak och ett blågrått hav. En kväll är det författarafton på Baltic Centre for Writers and Translators. Ett trettiotal Visbybor har trotsat vinterkylan och begett sig upp till Norderklint mellan domkyrkan och ringmuren.

Jag har blivit ombedd att berätta om mitt bokprojekt ”K-spaning från ovan”. Som exempel på en miljö jag är nyfiken på tar jag vykortet från Stenkumla, som jag håller upp. En kvinna i stickad, ljusgrå klänning viftar upphetsat med handen:

– Det där är Jacobssons i Stenkumla. Den lanthandeln köpte jag och min före detta man på åttiotalet och drev i fyra år!

”Ibland hör man nån beklagande röst som säger att allt i obygden läggs ner. Med allt menas till exempel lanthandeln. Men hur ska en liten lanthandel i ett vägskäl bära sig om det ligger en stormarknad, som kan hålla lägre priser, bara några knappa mil bort.”

Stig Claesson,
Brev från en glesbygd

Jag får hennes telefonnummer och tackar min lyckliga stjärna för att jag höll upp just det vykortet.

Påföljande dag går jag hem till Jan Onoszky, hennes före detta man. Idag jobbar han som biografmaskinist här i Visby.

– Egentligen var det helt osannolikt att jag skulle driva en lanthandel. Jag var alldeles för blyg och hade fördomen att landsbygdsbor är lite inskränkta. Jag var inte alls urtypen för en lanthandlare. Jag är dock en ”motströmmen-person” som gillar att överraska mig själv, så när en väninna till Marie ringde och berättade att den stängda lanthandeln nere i Stenkumla var till salu blev jag intresserad.

Jan var då i tjugoårsåldern och hade just gått klart en tvåårig elektronikkurs i Visby. Han hade visserligen tänkt starta eget företag på ön, men aldrig funderat på en lanthandel. Både han och Marie var frestade av tanken på att göra en insats för att motverka landsbygdsdöden. Efter ett besök hos den siste innehavaren, Sune Jacobsson, förstod de att det fanns många stamkunder som skulle bli glada om det gick att handla och tanka i byn igen. Efter fem månaders renovering av affären var det invigningsklart den 30 mars 1984.

– Det var ett stort pådrag i affären den dagen. Lennart Gårdinger från Radio Gotland sände direkt och bägge tidningarna var här. Vi hade en gammaldags kaffekvarn i butiken och kunderna fick nymalet kaffe som premiärpresent. Jag tänkte att vi skulle måna om kunderna och se till att affären blev byns mötesplats. Därför lät jag tillverka en ljugar-

MARIE ÖGGER PÅ ÅTERBESÖK VID DEN STÄNGDA AFFÄREN OCH MACKEN DEN SNÖRIKA VINTERN 2010

bänk där jag såg framför mig att byborna skulle sitta och skvallra och dra historier. Framåt vårkanten var den klar och faktum var att den omedelbart kom till användning.

Jan och Marie hade överhuvudtaget ganska många proggiga idéer för hur en lanthandel skulle kunna överleva och också bli ett kulturellt nav. På tomten mellan macken och affärshuset lät de bygga ett enkelt sommarcafé och flera gånger varje sommar arrangerades konserter med lokala band som Astu Sorkar, Di Sma Under Jordi och Gotlands Jazzorkester.

– Det originellaste var nog att vi en kväll hade konsert med en av Indiens förnämsta sitarspelare som av kännarna ansågs som bättre än till och med Ravi Shankar. Det kom

DEN KLASSISKA TUTA-SKYLTEN STÅR KVAR UNDER SKÄRMTAKET

MACKEN NÄR DET BEGAV SIG PÅ SJUTTIOTALET

väldigt få människor och jag bad honom om ursäkt efteråt, men han var nöjd. ”Jag spelar hellre för tio gotlänningar som lyssnar än för femtusen skränande indier”, sa han.

Min tipsare Marie Ögger bor också i Visby. När vi pratar lite om de där musikkonserterna på åttiotalet skrattar hon och berättar att de själva kallade dem för ett gotländskt svar på Woodstock.

– Fast det var inga droger hos oss förstås, däremot bjöd vi på ”Gotlandsdricku” som besökarna fick servera sig själva från en stor spann inne i caféet. Det var lite crazy!

För att få tillbaka Stenkumlaborna gjorde de nyblivna lanthandlarna en enkät för att får reda på vilka varor som var viktiga och

JAN ONOSZKY HAR GODA MINNEN FRÅN ÅREN I STENKUMLA LANTHANDEL

vad de inte behövde ta hem.

– Jag minns att stickade baddräkter och sytråd var artiklar som vi kunde hoppa över.

Jan blev omedelbart engagerad i glesbygdsfrågor och lanthandelns framtid på Gotland. Han hade en vision att man skulle kunna organisera de femtio lanthandlare som fanns på ön och bilda en egen inköpscentral och ta upp kampen med ICA och Konsum. Tanken var att få sockenborna att handla i sin närmaste affär. Då skulle landsbygden bli levande.

Av de planerna blev det intet och farhågorna att lanthandlarna skulle slå igen besannades. Folk åker hellre till ICA Maxi, Coop Forum och Willy's och storhandlar. Små affärer på landsbygden kan inte överleva på att bara sälja mjölk och kvällstidningar. År 2010 finns det inte ens femton livsmedelsaffärer kvar. Sämst är det uppe i norr, i Fleringetrakten, och i Eksta med omnejd på södra Gotland.

Ett initiativ som går stick i stäv mot centralisering är Tankvärt. Det är en kedja av små, automatiserade tankställen på ön som förutom dygnetruntöppet också erbjuder sina kunder billig bensin. Tänk om Tankvärt blir en succé?

Marie skjutsar mig de tio kilometrarna söderut från Visby till Stenkumla. Här har jag varit förut, slår det mig när hon bromsar in vid den forna Caltexmacken. Min son Jonathan och jag gjorde ett cykelreportage för tidningen Turist och kom den här vägen på nittiotalet. Jag minns det stora taket över pumpen och kiosken. Taket måste vara ett

SUNE JACOBSSON HADE LANTHANDEL I 49 ÅR

INSPIRATION TILL MACKENS HEMBYGGDA SKÄRMTAK FICK SUNE JACOBSSON PÅ FAMILJENS SKIDRESOR TILL ÅRE

hembygge. Nu är det mycket snö och den röda pumpen är den enda färgklicken. Marie hittar en översnöad nyårsraket och en "Jan 40 TUTA-skylt" – en klassiker på landsbygden. Hon blir rejält nostalgisk när hon pulsar runt i resterna av det som en tid var hennes liv.

– Vi hade en knapp inne i kiosken som vi tryckte på så pumpen gick igång. Vi ville inte ha några "springnotor". På Sune Jacobssons tid var det personlig betjäning som gällde. Han var faktiskt lite sur på oss att vi inte klarade av att erbjuda den servicen.

En kvinna kommer gående emot oss. Det visar sig vara Monica Martis, en av affärens stamkunder. Hon blir väldigt glad att se Marie, som inte varit på återbesök i Stenkumla speciellt många gånger sedan 80-talet.

Det är kanske en naiv och romantisk tanke men hur bra hade det inte varit om denna lanthandel hade överlevt. Då hade vi kunnat gå inomhus och värma oss. Jag hade garanterat köpt en chokladkaka. Istället är denna affär stängd sedan länge och omgjord till bostadshus.

På deras tid fanns i trakten också Olofsons neråt Tofta, Sanda lanthandel och Siltbergs i Eskelhem. Handlare Siltberg var för övrigt den som introducerade enarmade banditer i Sverige, har jag hört. Men det är en annan historia.

Vi åker tillbaka till stan. Visby innanför murarna håller, precis som Gamla Stan i Stockholm, snabbt på att bli en turistfälla utan vanliga butiker. Här har kommunen just flyttat ut all sin personal till gamla rege-

VYKORT ÖVER JACOBSSONS LANTHANDEL I STENKUMLA, SÖDER OM VISBY

mentet. En negativ effekt är att det försvinner ett stort antal lunchgäster för restaurangerna. Systembolaget vid Stora Torget är sedan tidigare utlokaliserat till Östercentrum. Det finns bara en livsmedelsaffär kvar innanför ringmuren.

Dagen efter träffar jag Dan Jacobsson, sonen till Stenkumla lanthandels tidigare ägare, Suna Jacobsson.

– Jag var väl lite av en allt-i-allo, men mest jobbade jag på macken. På den tiden fick kunderna hjälp med tankningen och så skulle ju rutorna putsas och ringtrycket kollas. Ibland fick man sälja lite glass eller godis också.

Sune var en mångsysslare som förutom affär och mack också hade cykelverkstad och var traktens glasmästare. Dessutom köpte han tidigt tomtmark vid den närbelägna Toftastranden. De fyra sportstugor han byggde där hyrdes givetvis ut sommartid.

– Han skulle ha kunnat satsa ännu mer på turism och byggt en stugby. Det hade han tjänat på, säger Dan.

I stället startade han Visby Hästdroska som körde turister mellan Visby hamn och Snäckgärdsbaden. Framförallt var han dock en av Gotlands femtio lanthandlare och affären här i vägkorsningen i Stenkumla var traktens självklara mötesplats fram till mitten av åttiotalet.

Nu tjugofem år senare är läget ett helt annat. Det finns bara ett femtontal affärer kvar utanför Visbyområdet. En nygammal affärsidé har dock återuppstått. För tre år sedan köpte Nynäshamnsbon Peder Hansson en varubuss och flyttade med med fru och tonårig son till Sjonhem utanför Roma. Nu kör han runt hela ön, tre turer i veckan. Han har ett bra sortiment som domineras av närproducerat lammkött, bröd, grönsaker och spannmål. Trots att han gör en stor social insats och avlastar hemtjänsten får han inget bidrag av kommunen, men det bekymrar inte Peder så mycket.

– Jag tycket att det är roligt att kunna göra livet lite bättre för folk på landsbygden. Mina kunder blir som vänner och är det någon som inte dyker upp vid bussen får jag lov att ringa på och kolla om något hänt. Och jag får mycket tillbaka. En kund gav mig nyligen en DVD med den franska filmen *En lanthandel i Provence*. Den var riktigt bra och jag kände igen mycket. Livet på landsbygden i Provence har många likheter med Gotland. Inte bara den karga skönheten.

Kvar i det gotländska landskapet finns före detta mackar, affärer och postkontor från folkhemssveriges bästa år. Vykortet från Jacobssons i Stenkumla är en rest från denna framtidsoptimistiska epok. Peders rullande livsmedelsbuss kan, om man vill se det så, vara en indikation på vart vi är på väg i framtiden.

TRE GÅNGER I VECKAN ÅKER PEDER HANSSON RUNT MED SIN VARUBUSS PÅ GOTLAND

DIESELOLJA
BENSIN
DIVERSEHANDEL
SHELL

Tuta vid "Kalle i Backen"

Riksettan söderut från Nyköping följer Kiladalen och vidare genom skogen i Kolmården och ner mot Norrköping. Det är en varierad vägsträcka med mycket körglädje. Än idag hittar man rester av bilismens guldålder här. Tuna Motell är en sådan miljö. Kvar sedan femtiotalet är den stora, röda neonskylten. Här har långtradarchaffissar övernattat genom åren och käkat vällagad husmanskost i den enkla serveringen. Idag, när den stora trafikströmmen går en kilometer bort på E4:an, är läget i Tuna lantligt lugnt. Man sover ostört och gott på övervåningen med utsikt mot tallskogen eller över Kiladalen. Inredningen verkar ha hängt med ett tag och för tankarna mest till Roy Anderssons film *Giliap*. På gott och ont.

I Jönåker passerar man resterna av det

TUNA MOTELL PÅ GAMLA RIKSETTAN LIGGER NÄRA "KALLE I BACKEN"

som en gång var en Gulfmack och lite längre fram på höger sida, innan järnvägen, ligger ett legendariskt ställe för alla äldre vägnötare. ”Kalle i Backen” står det på gaveln med stora röda bokstäver. Idag är det en antikaffär, men här var länge en lanthandel med tillhörande bensinpump. Varenda lastbilschaufför och bussförare visste vad man skulle göra när man passerade det gula funkishuset på riksvägen, oavsett tid på dygnet:

TUTA!

Jag hade hört att bakgrunden var denna. En kväll på sextiotalet bromsade en långtradare in vid macken för att fylla tanken. Han fick nobben. Affären och macken hade stängt sedan tre minuter, fick han veta. Några undantag kunde inte göras. Som hämnd bad den irriterade chaffisen alla kollegor att tuta rejält varje gång de passerade ”Kalle i Backen” – även nattetid!

Själv bromsar jag in framför det gula huset med sin stora skylt en varm vårdag. Dörren in till antikaffären är öppen. Ägaren, Börje Karlsson, känner jag igen sedan vi spelade in här med den legendariske lastbilschaffisen ”Flotta Ville” för TV-dokumentären *Svenska Motell*.

Han berättar att det var en ICA-affär från början som Gustav ”Kalle” Karlsson öppnade redan 1923. De stora bokstäverna KALLE I BACKEN satte han upp på sextiotalet. Anledningen var att affären ligger i en brant backe, precis efter ett krön. ”Kalle” hade märkt att många bilister upptäckte hans affär för sent och hann inte stanna. För att fånga bilisternas uppmärksamhet redan på lite håll blev lösningen halvmeterhöga bokstäver som han själv sågade till med charkens bandsåg. Som krona på verket målade han dem illröda. Nu skulle ingen missa stället.

– Känner du föresten till den exakta bakgrunden till anekdoten om att tuta vid ”Kalle i Backen”? undrar han. Om inte så var det så här.

Här ger Börje en mer detaljerad version: Det var en finsk långtradarchaufför som i början av sextiotalet fick soppatorsk just här tre minuter över sex. ICA med tillhörande bensinmack hade precis stängt. ”Kalle” höll benhårt på sina tider och vägrade sälja soppa. Som hämnd snackade den finske chauffören

”KALLE I BACKEN” BLEV ETT BEGREPP PÅ SEXTIOTALET

DEN LEGENDARISKE LASTBILS-CHAFFISEN BIRGER ”FLOTTA VILLE” PERMAN

DAGENS ÄGARE BÖRJE KARLSSON DRIVER SEDAN TRETTON ÅR ANTIKAFFÄR/LOPPIS I DEN FÖRE DETTA ICA-BUTIKEN

med alla kollegor han träffade och bad dem att tuta varje gång de passerade "Kalle i Backen", vilket de gjorde. Men anekdoten är inte slut där. Trots alla protesttutningar upprepades samma scenario något år senare. Här längs Riksettan åkte också alla landets turnerande dansorkestrar och popband. Så även Hep Stars. De fick också soppatorsk här strax efter stängningsdags. "Kalle", som inte lärt sig läxan, vägrade åter att göra något undantag. Det ledde till att Hep Stars valde att sova i bussen och vänta tills Kalle behagade öppna morgonen därpå. De hann bli rejält irriterade, kan man tänka sig. Som en följd av detta intermezzo spred sig vanan att tuta vid macken även till alla turnébussar.

I mitten av åttiotalet köpte Konsum upp ICA-affären, bara för att lägga ner den. Konkurrensen var mördande hård redan då. När den nya sträckningen av E4:an invigdes 1986 minskade trafikvolymen rejält här på den gamla Riksettan och även den lilla macken fick lov att lägga ned.

– För sjutton år sedan tog jag över här och startade loppmarknad. Läget är ju utmärkt och kåken med sitt namn och sina anekdoter gör att folk gärna stannar. Egentligen har jag bara öppet på helger, men om någon kund letar efter något speciellt kan de ringa så kommer jag ner. Man vill ju inte att missnöjda kunder ska börja tuta på mig också.

Ulf Lundell har i boken *Det är långt mellan lycka och leda* berättat om hur tutandet spred sig. Varenda chaffis som körde turnébuss kände till påbudet. På sjuttiotalet var det fullt ös här dygnet runt! Idag är det lite lugnare på gamla Riksettan, men fortfarande kan en långsint yrkeschaufför få något vilt i blicken vid åsynen av "Kalle i Backen".

I DAG ÄR "KALLE I BACKEN" SÅ VÄLKÄNT ATT ÄVEN BUSSHÅLLPLATSEN HETER SÅ

SAAB

Det rätta virket

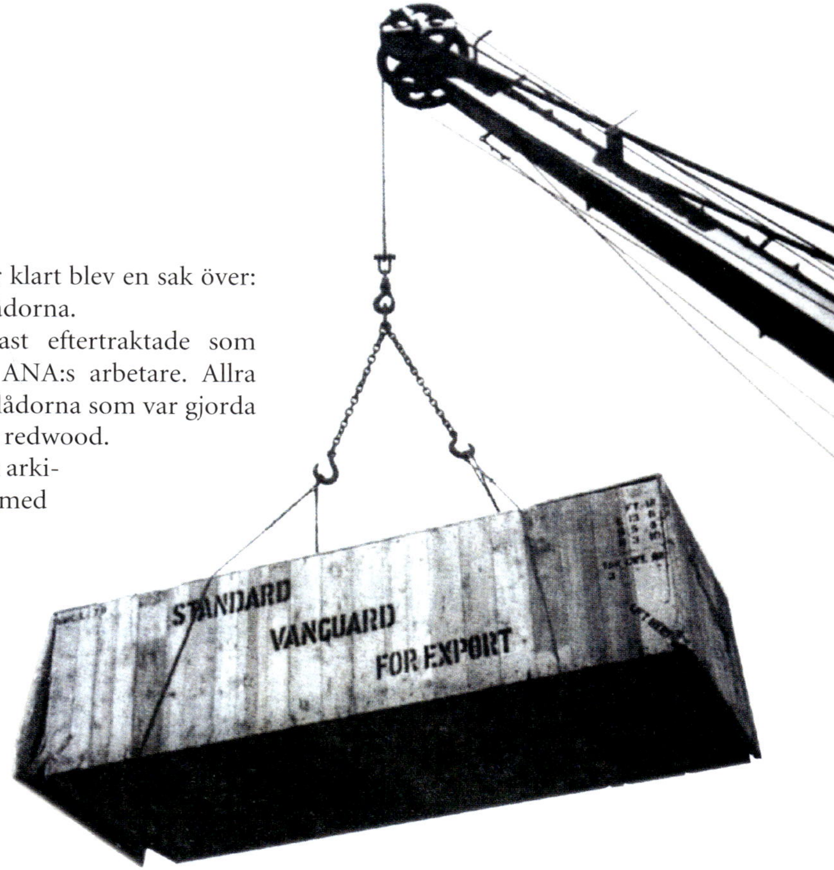

En dag kom det ett brev från veteranbilsentusiasten Jan Älfvåg med en kraftfull uppmaning: ”Åk till Nyköping och titta på garagebyn som är byggd av transportlådor. Men skynda på. I värsta fall rivs den.”

Han skickade också med en artikel från Sörmlands Nyheter där jag fick lite bakgrundsfakta om garagen och och den märkliga eller kanske helt naturliga kopplingen till den lokala bilindustrin.

I Nyköping låg sedan 1937 Aktiebolaget Nyköpings Automobilfabrik (ANA). Man tillverkade inga egna bilar. Affärsidén var att importera bilar i byggsats eller CKD, completely knocked down, som det kallades i branschen.

Genom att skeppa nedmonterade bilar blev frakten billigare. Framme i fabriken vidtog ett omfattande arbete för att få kärrorna körklara. När allt var klart blev en sak över: de gedigna tranportlådorna.

Dessa blev genast eftertraktade som byggmaterial bland ANA:s arbetare. Allra populärast var USA-lådorna som var gjorda av det hårda träslaget redwood. Av dessa byggdes den arkitektritade garagebyn med sina 52 garage. Brevskrivaren har på telefon väckt min nyfikenhet ytterligare genom att nämna att man på väggarnas insidor skulle kunna se originalstämplar och märkning typ

CHRYSLER CORP
PLYMOUTH
SIMCA – MADE IN FRANCE
STANDARD VANGUARD
FOR EXPORT ONLY

Jag upptäcker garagebyn redan uppe från E4:an, men det krävs en hel del navigerande förbi McDonald's, Statoil och Sunlight för att hitta området Hemgården, som ligger lite avsides i västra utkanten av staden.

OVE JOHANSSON

En småkylig tisdagsmorgon väntar några vidtalade Nyköpingsbor för att visa upp sina unika garage. Det första jag ser när jag kommer fram är garage nr 1. Nästan helt förfallet, med inrasat tak och hundratals hål i fasaden. Det kan väl ändå inte varit byggt med redwoodträ? Fasadvirket i garaget bredvid uppvisar tydliga fraktstämplar. FÖRVARAS TORRT och en sifferkombination.

Ove Johansson, som är något av en samordnare för garageägarna, hälsar välkommen och ler lite när han noterar min fascination över ruinen. Han tycker att vi ska gå en runda längs den U-formade vägen med garage på bägge sidor för att få en mer rättvisande bild. Miljön påminner mest om ett fiskeläge med sina röda bodar i dubbla rader. Ove går före och pekar.

– Det där är mitt garage som jag ärvt av farsan som byggde det 1954. Hans första bil var en Opel Olympia. Då, på femtiotalet, var bilen verkligen en statussymbol och man skötte den noga. Att kunna ha den i garage var en lyx man värdesatte. Där kunde man både tvätta och vaxa bilen. Det var mest på helgerna som bilen användes. På vardagarna cyklade man eller gick till jobbet.

Vi tittar in i garaget som idag mest fungerar som förråd. Inga stämplar synliga just här. Däremot har garageägarna anammat den fiffiga idén med en bit gummiplatta som hänger ner över hänglåset för att förhindra att det ska frysa. Idag står det bara ett tjugotal bilar här, berättar Ove, resten av garagen används till förvaring av lite av varje.

– På femtiotalet stod det bilar i vartenda ett. Morsan blev lite sur när farsan sa att han skulle cykla ner en stund till garaget på lördagseftermiddagen. Då visste hon att det skulle dröja innan han kom hem. Han träffade en massa kompisar som han kunde prata bil med. Kanske hade någon just köpt en ny kärra och då måste den inspekteras och beundras av alla.

Jag bestämmer mig för att senare under dagen leta upp Åke Pettersson. Han jobbade som billackerare på ANA på femtiotalet. Han om någon borde kunna ge besked om stämplar och annat.

Framför en del garage har det växt upp sly, framför några andra står gräset högt.

ALLA 52 GARAGEN HAR ETT NUMMER. DETTA ÄR NUMMER 1

SOM ETT FISKELÄGE MED RÖDA BODAR I DUBBLA RADER

IBLAND ÄR DET EXTRA ROLIGT ATT K-SPANA

Vissa fasader är nymålade medan andra är rejält väderbitna, och på sitt sätt ännu vackrare. Ett garage har fått nytt tak av rostfritt stål, ett annat hålls provisoriskt på plats av ett uppslängt bildäck.

– Det har aldrig funnits el här, berättar Ove. De som mekat med sina bilar kvällstid på vinterhalvåret har använt pannlampa. Det går ju det också. Smörjbrygga hade vi också, men nu är bara betongpelarna kvar.

Det var stadsarkitekten i Nyköping, Torbjörn Haglund, som gjorde planen för garagebyn 1953. Alla garage skulle vara 6x6 meter och rödmålas. De 52 husen skulle placeras med jämna mellanrum. Ändå är helhetsintrycket inte enformigt, mycket beroende på att vägen genom byn inte är spikrak. Kanske är det denna detalj som bidrar till känslan av fiskeläge.

– Ibland sitter det till och med konstnärer här och tränar perspektivmålning, berättar Ove.

Garagen står på kommunal mark. Dagens innehavare tillhör andra generationen. De är oroade över kommunens byggplaner för området. Nyköping växer och Hemgården är attraktiv mark nära både järnväg och motorväg. I detaljplanen står det att en omlastningscentral ska placeras där garagen ligger. De som arrenderar garagemark ska erbjudas att flytta sina garage.

Jag har stämt träff med Jan Älfvåg, tipsaren, på restaurang Oliver Twist inne i Nyköping. Jan är en av Nyköpings stora bilentusiaster och var bland annat med och startade Motorhistoriska Sällskapet för drygt 40 år sedan. Han har arbetat på Saab, men jag träffar honom i egenskap av före detta garageägare. Han har skrivit flera tidningsartiklar där han propagerat för att garagen borde K-märkas.

Även den pensionerade byggnadsantikvarien Eva Ryderberg på Sörmlands museum tycker att Nyköpingsgaragen är unika.

– De har ett mycket högt kulturhistoriskt värde. Dessutom förmedlar de ett stycke historia om vår relation till bilen och bilismens framväxt.

I Nyköpings Motorsällskaps klubblokal träffar Jan och jag Åke Pettersson som jobbat på Saab som lackerare. Kaffe och vetelängd är framdukat. Han berättar att till en början kom lådorna från Chrysler Corporation i USA. De hade även agenturen för Plymouth och DeSoto. Att importera bildelar i trälådor sparade 10 000 dollar per frakt. De första två åren gick affärerna bra men sedan bröt andra världskriget ut och USA:s bilfabriker började producera för den amerikanska armén.

– Efter kriget byggde ANA en ny fabrik i Nyköping. Växlingskursen mellan dollar och krona gjorde dock att det blev mindre lönsamt att importera USA-bilar. Verksamheten fortsatte i mindre skala och som alternativ skaffade sig ANA agenturen för engelska Standard Vanguard.

Det var nu som trälådorna blev eftertraktat byggmaterial för oss som jobbade på fabriken, berättar Åke. Vi kunde, som en personalförmån, få köpa ett billass virke för 10 kronor. Det var väldigt billigt även då. Många använde virket till att bygga sommarstugor. De flesta sportstugorna på Tjuvholmen är byggda av billådor.

När garagebyn vid Hemgården skulle byggas 1954 blev ANA-lådorna det självklara virket. Mest eftertraktat var USA-lådor i redwood. Dessutom var de amerikanska lådorna större, hela 220 centimeter. Men även de mindre och klenare engelska lådorna användes som byggmaterial.

MARKS. NYGE - AERO
573 - SE-EIA
NYKOEPING
VIA STOCKHOLM
BOX OF

Det var i första hand ANA-arbetare och personal från Sunlights närbelägna fabrik som lade beslag på de billiga garagetomterna. När man väl betalt sitt första årsarrende, var det klart att börja bygga. Åke Pettersson fick sin tomt 1954.

– Jag kommer fortfarande ihåg den trevliga stämningen nere vid garagen, speciellt på helger och sommarkvällar.

Och så var det det här med stämplarna. Eftersom lådorna gick med fartygsfrakt var de utvändigt försedda med stora, kraftiga stämplar med schablonskrift. På gamla bilder från Nyköpings hamn kan man se dem tydligt.

Jan Älfvåg har fått ett telefontips om att stämplar skulle kunna beskådas i en mindre klunga garage i en annan del av Nyköping. Där lär det också stå en gammal Studebaker 1955 under renovering. Till min stora glädje stämmer det. NYKOEPING VIA STOCKHOLM och STANDARD står det med stora, svarta versaler.

Åter i Hemgården får jag titta in i ytterligare ett garage. Bingo! Här synns bitar av flera stämplar

FOR EXPORT ONLY
CHRYSLER CORP
OXELOSUND
VANGUARD

Historien om billådorna blir bekräftad. Med tanke på Nyköpings tradition som bilbyggarstad känns det självklart att de borde få stå kvar. Dessa garage av det rätta virket.

I ETT AV GARAGEN RENOVERAS EN TURKOS STUDEBAKER 1955

Mexi rimmar på Plexi

Några kilometer söder om Kumla svänger jag av från Rikssexan och in på väg 51 österut. Målet är resterna av världskoncernen Ytong AB:s tidiga historia.

Verksamheten startade i Hällabrottet redan 1878 under namnet Yxhult Stenhuggeri AB. De mest framgångsrika produkterna skulle bli lättbetongstenen Ytong och den av smakpoliser föraktade kalksandstenen Mexi, av många felaktigt kallad mexitegel. Både Ytong och Mexi förknippas idag mest med miljonprogrammets villor och flerfamiljshus.

Här i samhällena Kvarntorp och Hällabrottet är var och varannan villa klädd med mexisten, oftast den vita. På sextiotalet blev det populärt att bygga hus som påminde om de vita bungalows man sett på semestern i Grekland och Spanien. Mexistenen var både vit och underhållsfri – ett populärt begrepp på den tiden. 1976 lanserades även Mexi Kulör i nyanserna ängsgul, hedbrun, strandbrun, gammalrosa och fjällgrå. En kåk i Hällabrottet har än idag en fasad som påminner om "lingon och mjölk". Antagligen är det nyansen gammalrosa.

Mannen bakom varumärket heter Stig Salander och var Art Director på A-Byrån i Örebro, ett av de största reklamkontoren i landet på den tiden. Han berättar hur han kom på det numera klassiska namnet Mexi.

– Yxhultbolaget ville att vi skulle kalla den nya produkten för kalksandsten, men det var för tråkigt ansåg vi på byrån och hade lite brainstorming. Eftersom vi också hade Bofors som kund, som med framgång marknadsförde plexiglaskupoler, smakade vi på

"FUSKMEXIKAN" UR REKLAMBROSCHYR FÖR MEXISTEN PRODUCERAD AV A-BYRÅN I ÖREBRO

LABROTTET · T-LÄN · 1974

P
YXHULT

ordet plexi, som var ett modernt ord för ett modernt material. Vi lånade helt enkelt klangen därfrån och skapade rimordet Mexi.

A-Byrån lät namnet styra den första reklamkampanjen 1966. Stig lät sy upp en mexikansk dress, köpte en stor sombrerohatt och bad kollegan Gösta Andersson att agera "fuskmexikan".

– Vi murade upp en vit mexivägg på en trång bakgård i Örebro. Det var på höstkanten och solstrålarna nådde bara ner till vår fotoplats en halvtimme på eftermiddagen men fotografen fick ett par bra bilder som sedan användes flitigt. Kostymen och sombreron återanvändes med fördel av Kvarntorpsbolagets försäljare när de var ute på fältet.

MEXISTEN VAR DET NATURLIGA VALET AV FASADMATERIAL PÅ HUVUDKONTORET I HÄLLABROTTET. MEXI KULÖR ERBJÖDS I OLIKA NYANSER

Än idag retar sig Stig på att de inte lyckades förhindra att det felaktiga begreppet mexitegel spred sig.

– Tegel bränns ju som alla vet medan mexisten är kluven och ånghärdad. Och att Mexi skulle vara inspirerat av OS i Mexico 1968, som vissa påstått, är så uppenbart tokigt eftersom namnet skapades flera år före olympiaden.

Under 60- och 70-talen hade Yxhultbolaget stor tillverkning av Ytong och Mexi. För Ytong var 1967 det bästa året, sedan dalade försäljningen på grund av konkurrens från trä, mineralull, plåt, gips och andra material. Byggandet av flerfamiljshus minskade också. Å andra sidan ökade småhusbyggandet och Mexi fick en bra start. All time high kom 1974 då hela 90 miljoner mexisten tillverkades och Yxhult hade 71% av den svenska marknaden. Därefter sjönk försäljningssiffrorna år för år. Tillverkning av Mexi upphörde helt i början av det nya millenniet och Yxhultbolaget gick i konkurs 2004. Om man vill ha tag på kalksandsten av Mexityp idag får man vända sig till företag ute i Europa.

Huvudkontoret från 1956 är tillbommat sedan konkursen. Det ritades av en av landets främsta modernister, Helge Zimdal, och är oerhört påkostat. Om man kikar in genom de stora panoramafönstren i sandstensfasaden syns ädelträväggar och ett unikt marmorgolv med märkliga djurmotiv i olika färger. Tidstypiska fåtöljer och sideboards skymtar i foajén. Tänk att en sådan påkostad miljö bara står oanvänd! Här skulle ju ett framgångsrikt företag kunna ha sitt eleganta huvudkontor! Eller varför inte göra ett nationellt museum över Folkhemmet. Vad säger kulturministern om en sådan arkitektonisk återanvändning?

ARKITEKTEN HELGE ZIMDAL RITADE HUVUDKONTORET SOM INVIGDES 1956. I DAG ÖVERGIVET

Bilkyrkogård vid vägs ände

❞Jag kör mycket bil i Sverige och vänjer mig till sist vid ensamheten – som är total vid ratten. Ibland skattar jag den högt, eftersom den, när allt kommer omkring, är fulländad. Jag pratar inte på timmar, jag bara ser, kör och tänker, dagdrömmer, minns, rotar igenom saker i mitt inre, anpassar mig till mig själv.❞

Jan Olof Olsson,
Jolo i Sverige, 1976

DEN SMALA GRUSVÄGEN MELLAN TÖCKSFORS OCH BILKYRKOGÅRDEN I BÅSTNÄS

En septemberhelg är det värmländsk bilutflykt. En bilkyrkogård hägrar. Den lär ligga i trakten av Årjäng vid norska gränsen. Bilkyrkogårdar är en djupt symbolisk miljö. Här hamnar till slut också den finaste bilen. Även om det dröjde längre förr.

Jag har hört att Töcksfors skulle kunna vara en bra första anhalt. Den rostiga skylten med Sahlins bilskrot ser lovande ut. Ägaren Mikael Olsson kommer ut ur ett av garagen. Han har den för trakten så typiska norsk-svenska dialekten. Han har även äldre bilvrak, säger han.

– Men dem har jag plockat isär och bara

behållit det bästa. Häng med in i ladan får du se själv.

Därinnne i halvdunklet står hundratals dörrar, kylare, rattar, kofångare och bakluckor. Hit kommer folk från hela världen för att leta originaldelar till sina kärror, berättar Mikael.

Han ber mig hänga med ut på ägorna och visar stolt upp sin första bil, en Vauxhall 1953, som han köpte som fjortonåring och hade tänkt göra om till EPA-traktor.

– Men det blev inget av med det och bilen är därför aldrig körd sedan 1979. Men om du verkligen är intresserad av gamla skrotbilar måste du svänga ner till Tore och Rune Ivansson i Båstnäs. De har nog Skandinaviens största bilkyrkogård.

Den smala vägen ner till Ivanssons visar sig vara den här resans höjdpunkt. Kuperad terräng med sneda lador på fälten och enstaka byar som klänger sig fast på kullar på vägens högra sida. På den andra sidan är det vidsträckt utsikt över den långsmala sjön Foxen som sträcker sig söderut in i Norge och faktiskt vidare till Dals-Ed i Dalsland där den byter namn till Stora Le. I Västra Fågelvik ligger en inbjudande badplats, men trots hettan kör jag på genom Vång, den gamla tullbyn och Boda, och in i den obebyggda, täta barrskogen. Här har asfalten ersatts av sligrigt oljegrus, men den gamla vägen är fortfarande lika kurvig. Jag möter en motorcykel, det första fordonet på två mil, och plötsligt utan förvarning är jag framme.

Jag vill inte tränga mig på, har ju inte ringt i förväg och är alltså inte väntad. Jag parkerar en bit från de första bilvraken. Det är en gigantisk bilkyrkogård som ligger här, framför mina ögon. Det går stigar in mellan bilarna, vilket känns inbjudande. Just där jag hamnar först står travar av PV, DKW, Morris Oxford, Taunus 17 M, Simca Aronde, Borgward Isabella och folkabubblor. De är minst femtio år gamla. Lacken har bleknat och naturen har tagit över. En björkplanta har växt rakt upp ur motorhuven på en Hillman. Det är lite ödsligt och på något diffust sätt både sorgesamt och vackert. Alla gamla bilsemesterdrömmar som står där och rostar här i en avkrok.

Jag tar mod till mig och följer bilvägen till fots tills den upphör några hundra meter bort. Här står den sällsynta skylten *Här slutar allmän väg*. En man kommer emot mig. Rune Ivansson själv visar det sig. Han bjuder in mig på sin tomt och jag plockar upp två lättöl som vi halsar i skuggan av en björk. Han flyttade hit från Täckfors när han var fjorton år får jag höra.

– Morsan var lärarinna i skolan här och jag och min äldre brorsa Tore startade Ivanssons Bil- och Motorverkstad 1952. Visst var vi unga, men enormt bilintresserade och gillade att meka. Vi sålde mycket reservdelar till norrmännen som hade stor brist efter kriget, berättar Rune. Allt passerade väl inte genom tullstationen utan transporterades över gränsen på obevakade skogsvägar.

Bröderna Ivansson skaffade sig efter hand ett stort kontaktnät i Sydsverige. De gjorde inköpsresor och köpte upp begagnade bilar som fraktades till Båstnäs där de reparerades eller plockades ner och såldes i delar. Växellådor och motorer var mest inkomstbringande. Rune blev med tiden en mästare på att renovera bilvrak och under hela femtiotalet rullade verksamheten på bra.

På sextiotalet klassade myndigheterna Ivanssons bilar som miljöfarligt avfall och bilparken övergick från att vara en tillgång till att bli ett problem. Bilarna lämnades åt sitt öde. Ivanssons framgångsrika bilfirma blev bilkyrkogård.

– Än idag kommer det kunder som vill köpa delar eller hela bilar, trots att vi lagt ner för länge sedan. De flesta besökarna är fotografer. De kommer från hela världen för att kolla in förfallet och alla gamla, utdöda bilmärken som står här i terrängen. Om man letar kan man faktiskt göra riktiga fynd. De flesta amerikanare har sålts vidare, men det finns fortfarande europeiska femtiotalsmärken som Borgward, Ford Zephyr, Jowett, Wolseley och Panhard därute. Själv har jag tyvärr inte tid att visa runt för jag ska ut och leta efter kantareller, men kolla gärna runt.

Tusentals skrotbilar är på väg att vittra sönder. Rostbruna kärror med ärggröna kylare, mossa på taket, möglig inredning. Fronten på en Wolseley blir till ett ansikte. De trasiga framlyktorna betraktar mig, munnen som ler skevt. Rader på rader med vrak

travade på varandra, övervuxna av sly. Förfallet är oerhört estetiskt.

Jag kommer inte längre på den här resan. Här slutar allmän väg. Här måste man vända, vare sig man vill eller inte. Nu är det bara att köra tillbaka till kontoret med nya intryck i bagaget. Och en stilla undran vad det var man missade – trots att det låg inom räckhåll. Ungefär som när man letar efter kantareller.

485
OPEL

Än finns det hopp för Järnas funkispärla

Brandstationen i Järna var en imponerande byggnad när den invigdes 1943. Ända fram till 2005 var den i drift. Då flyttade man vidare till större lokaler. Funkisbyggnaden på Hagagatan fick ingen ny funktion utan lämnades åt sitt öde. Fasaden har efter hand blivit rejält nerklottrad och viss vandalisering invändigt har också förekommit.

Brandstationen i Järna ritades och byggdes mitt under brinnade världskrig 1942. Den arkitekt som fick uppdraget att göra ritningarna var Birger Borgström. Han hade bland annat ritat Västerledskyrkan söder om Stockholm, en funkisbasilika från 1932. Andra kända skapelser var Råsunda fotbollsstadion och biograf Göta Lejon i Stockholm. Helt i samklang med tidsandan i folkhemssverige valde han den funktionalistiska stilen. För en offentlig byggnad som en brandstation blev detta inget oväntat val. Oswald Almqvists kraftstation i Hammarforsen brukar räknas som Sveriges första funkisbyggnad och den skulle komma att följas av ett antal offentliga byggnader i samma stil. Skolor, sjukhus, konsumbutiker, idrottsanläggningar, allt skulle kläs i den nya stilen. Paul Hedqvist ritade 1932 de cirka hundra radhusen i funkisstil på Ålstensgatan i Bromma, där statsminister Per-Albin Hansson bodde med sin familj. Stadsdelen Gärdet inne i Stockholm och Ribersborg i Malmö är andra exempel på storskalig funkis i landet.

BRANDSTATIONEN I JÄRNA 2010

I Järna utanför Södertälje däremot fanns det bara en offentlig funkisbyggnad: Centralskolan, invigd 1938. Den nya brandstationen placerades på Hagagaten nära funkisskolan och blev en av samhällets modernaste

"BOLLNÄSFUNKIS ÄR BRA FUNKIS" SKREV LOKALTIDNINGEN OM STADSARKITEKT CARL BÅÄTHS MODERNISTISKA HUS PÅ ODENGATAN. DE STÅR KVAR ÄN IDAG I CENTRUM AV HÄLSINGEMETROPOLEN

byggnader. Något Järnaborna kunde vara stolta över, på samma sätt som invånarna i Varberg på femtiotalet var stolta över sitt nybyggda sjuvåningshus som de kallade för "vår skyskrapa".

Järna behövde en ny brandstation. Den gamla – ett spruthus med branddamm – var från 1912. Den första brandchefen hette Albert Wall och fick 50 kronor i årslön för sitt viktiga uppdrag. För att få in pengar till brandkåren anordnades en årlig Brandfest, lä-

"När de såg allt det nya i ljuset av den nya tiden, blev deras ögon runda och avskärmade som ugglor. Så fort som de kom in i funkishusen med flata yttertak och utan skorstenar, som också vintrarna med snö och köld var avskaffade, och de med blicken försökte leta sig fram till de blanka stålrörsmöblerna, blev de desorienterade."

Ivar Lo-Johansson,
Asfalt, 1979
(OM BESÖKARNA PÅ STOCKHOLMSUTSTÄLLNINGEN 1930)

SVERIGES MEST OMDISKUTERADE FUNKISSKAPELSE, SLUSSEN, HAR LÄNGE VARIT RIVNINGSHOTAD MEN ÄNNU FINNS DET HOPP FÖR TAGE WILLIAM-OHLSONS MÄSTERVERK

DET FINNS FÖRVÅNANSVÄRT MÅNGA KULTURMÄNNISKOR SOM MENAR ATT KLOTTER ÄR KONST – SÅ LÄNGE DET INTE ÄR DERAS EGET HUS SOM "UTSMYCKAS"

ser jag i hembygdsföreningens skrift Järningen. Den första hölls 1926 och man fick in 2 652 kronor och 17 öre. Brandfesterna hölls en helg i augusti och inleddes med gårdsmusikanter som gick runt, spelade och tiggde pengar. Lotteri anordnades och dans till orkester, första året med lokalförmågorna i "Sax & Fåneri". På söndagen var det karnevalståg med olika fordon som paraderade genom Järna.

När samhället växte ställdes också krav på en bättre och mer centralt placerad brandstation. Under andra världskriget var det dessutom extra viktigt med vattentillgången för brandsläckning. Därför behövdes också ett vattentorn med stor kapacitet. Brandstationen blev klar 1943 och året därpå ett vattentorn som rymde 100 kubikmeter vatten. Konsums gamla lastbil, en Dodge 1936, köptes in av kommunen och byggdes om till brandbil. Den var i bruk ända fram till 1969. I början av femtiotalet skaffade man sig också en större brandbil av märket Austin. Chassit levererades av Hans Osterman i Södertälje. Brandstationen blev en viktig del av det moderna Järna.

Sedan den övergavs 2005 såg det ett tag ut som om brandstationen skulle bli konstcenter. Elever från Konsthögskolan i Stockholm med Signe Johannesson som primus motor hade startat en ideell förening med syfte att rädda och renovera funkishuset undan rivning. Man ville skapa en levande konstverkstad i brandstationen. Trots en större donation från en stiftelse och garanterat så kallat leader-bidrag från EU fick föreningen inte gehör för sina idéer hos kommunen som helst ville riva och bygga nytt äldreboende på tomten.

All uppmärksamhet som funkishuset fått i media tack vare Brandstationen Art Center har haft det goda med sig att kommunen verkar ha tänkt om. Sommaren 2010 pekar allt mot en lösning som innebär att funkishuset renoveras och blir skola för handikappade. Signe Johannesson och hennes konsthögskolekamrater har just tackat ja till att placera sin konstnärsverkstad i det gamla bryggeriet i närbelägna Gnesta.

Bara kommunens ovilja kan hindra att det blir ett lyckligt slut på denna segdragna kamp mellan rivare och bevarare. Det krävdes engagemang från ideellt arbetande eldsjälar för att få upp ögonen för Järnas funkispärla.

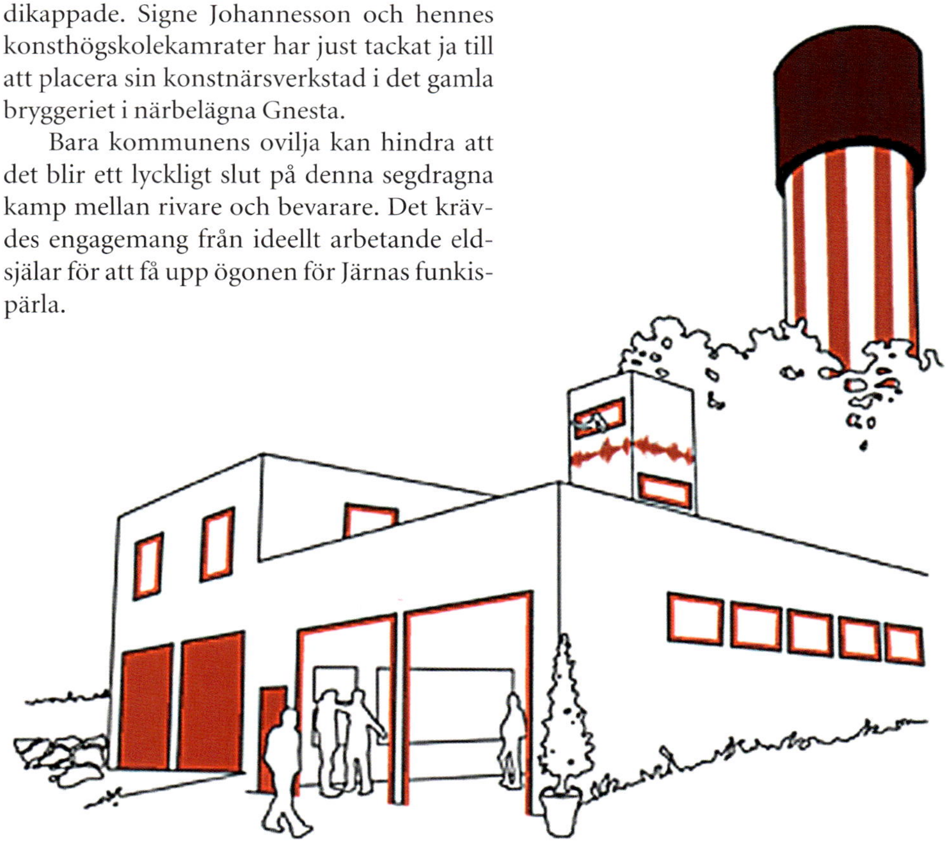

SÅ HÄR SKULLE BRANDSTATIONEN ART CENTER HA KUNNAT SE UT

FÖR BABY
Shell

Den tatuerade Shellmannen

”En del av samtidens mest utskällda grupp (knegarna) blir ibland irriterade på mackens hängare. Men det ska de inte bli. Ty tack vare hängarna har mackarna blivit som forna dagars skjutshåll (på diligensens tid) eller flydda tiders lantliga stationer (på järnvägarnas tid). Dit kom folk som var på väg. Och där satt folk som höll sig på stället – gloende, rivande sig i skallen, halvstumma, lyssnande, en aning sysslolösa. Låt oss vårda de få som bara hänger där det ännu går att göra det: på macken.”

Jan Olof Olsson,
Jolo i Sverige, 1976

När jag får syn på den oansenliga macken på forna riksväg 6 i Turinge har jag ingen aning om vad som väntar. Allra minst att jag ska få träffa en gammal bensinman med en speciell tatuering på överarmen.

Det är fullt med hojåkare på den asfalterade plätten framför stationshuset. Svenska Off-Road Entusiasterna står det på deras overaller. En av dem anar att jag är journalist och tipsar om att be gamle ägaren visa sin tatuering. Jag stiger in i den överbelamrade butiken. Frågar en ung kille med keps vid kassaapparaten om han vet hur gammal macken är.

– Snacka med farfar Berndt vet jag, han sitter i rummet bakom och kollar på reprisen av Här har du ditt liv.

En förvånansvärt ungdomlig farfar sitter mycket riktigt och tittat på TV. Men han gör

SHELLMACKEN I TURINGE, MARS 1957. I MITTEN FÖRSTE ÄGAREN HUGO GRUNDBY

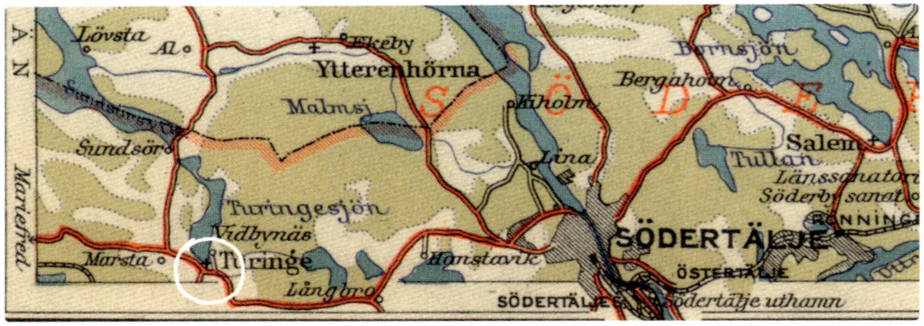

det via SVT Play och säger att han kan pausa Oldsberg & Co en stund och berätta lite om macken. Han heter Berndt Larsson och övertog macken 1954. Då hade han jobbat extra sedan 1959 åt den första ägaren Hugo Grundby.

– Läget var det bästa tänkbara för det här var riksväg 6 och den enda vägen vidare mot västkusten. Även de stora vägarna var smala på den tiden och här i Turinge var det dessutom fartbegränsning. Därför blev det ofta kö och många hann komma på att de behövde soppa, glass eller ett paket cigg. Det var folk som skulle till och från sina sommarstugor på helgerna med solstolar och brädlappar på taket. Och så hade vi ju all yrkestrafik. Långsamt gick det, men det var bra för affärerna.

Berndt har själv pytsat i soppan personligen och tvättat rutorna. Han fick med åren många stamkunder, både Turingebor och yrkeschaufförer. Många stannade till, småpratade lite och tog en gratisfika från den framställda termosen.

– Macken blev en mötesplats och jag lärde känna en massa människor. Det var det bästa med att ha en mack säger han och ler sitt kluriga leende.

Den 24 oktober 1974 öppnades den nya E3:an med en rakare stäckning söder om Turinge. Den dagen förändrades allt och konkurrenterna Gulf och Caltex en mil västerut gav genast upp. Berndt gjorde tvärtom och beslöt att hans mack skulle ha öppet dygnet runt. Priset för honom själv blev arbetsdagar på 16 timmar och han säger sig aldrig ha haft semester. Men han ser inte missnöjd ut när han konstaterar att han alltid fått slita för brödfödan.

Berndt har gått i pension men Turingemacken finns kvar och sonen Jonas har tagit över. Det är fortfarande en gammaldags mack där man inte behöver slanga i bensinen själv och stamkunderna kan fortfarande få sig en kopp svart kaffe inne på kontoret.

Dagen efter invigningen 1974 ägnade även storstadstidningar mycket utrymme åt gamla landsvägen och nya Europavägen. Dagens Nyheter skickade ut reportern Tore Carlsson som skrev en lång artikel under rubriken ”E3:s flaskhals borta”.

”Klockan tre den nypande kalla torsdagseftermiddagen klippte Hjalmar Mehr till med sin landshövdingesax, ett band sprang av och den nya motorvägen Södertälje–Länna var invigd. En bit av åttiotalets E3 föddes. Samtidigt avled dess föregångare, den gamla slingerormen, som varje år haft mer än 100 trafikolyckor på sitt samvete. Saknad av ingen. Snart bara en myt att snacka minnen kring på långtradarfiken. ’Världens sämsta alpväg’. Ett Kap Horn för landsvägarnas långdistansare.”

Berndt är än idag upprörd över DN-

Bilisten
netto!
Bilisten
4,0 m
XUA 076

journalistens raljerande ton och de felaktiga faktauppgifterna denne förmedlade i Sveriges största morgontidning.

– Jag råkar veta att vi under perioden 1958 till 1974 inte hade en enda dödsolycka på ”slingerormen”, men när den nya vägen togs i bruk dog femton personer i trafikolyckor redan första året. Folk började helt enkelt köra för fort, man kunde göra det på den nya, raka vägen. Förr, när den smala Rikssexan gick genom Turinge, var höga hastigheter en omöjlighet.

Medan vi fikar läser jag också igenom tidningsintervjuerna med folk som bedrivit ”business” utmed gamla Rikssexan. Tore Carlsson forsätter med sin cyniska stil och beskriver dessa affärsidkare som ”trafikoffer, överkörda av tiden”. Familjen Bommelins som länge drivit en lönsam lanthandel och Gulfmack är besvikna: ”Vi hade hoppats på en förbindelse upp till E3, men så blev det inte och nu återstår inget annat än att slå igen” sa Astrid Bommelin.

Den enda person som tänkte fortsätta var Berndt Larsson på Shellmacken. Han beskrivs i tidningen som ”den enda optimisten längs den gamla stumpen av E3”. Berndt säger till DN, att han tror att den lokala försäljningen kommer att räcka till.

Berndt drar lite på smilbanden åt att han kallats ”den enda optimisten”,

– Det stämmer faktiskt att de andra längs vägen var ganska uppgivna och trodde att slutet närmade sig, men jag hade ingen som helst lust att ge upp det här livet. När man drivit en mack i tjugo år utan att ta semester en enda dag då har man också lärt känna en massa människor. Många kommer hit bara för att ta en kopp kaffer från termosen. Jag har aldrig haft servering eller mackor och sånt. Bara kaffe och ett paket kex. Det sprider sig snabbt att hos Berndt kan man fika gratis.

På sommarhalvåret står kaffet utomhus vid ljugarbänken och på vintern kan de vär-

DEN GAMLA SHELLSKYLTEN HAR HÄNGT MED SEDAN 1912, NÄR JOHANSSONS DIVERSEHANDEL, VÄGG I VÄGG MED NUVARANDE BILISTEN, FICK SIN FÖRSTA BENSINPUMP

ma sig och byta några ord inomhus. Så har det varit och så är det fortfarande, fast yngre generationer tagit över.

Jag kommer att tänka på skribenten Jan Olof "Jolo" Olssons beskrivning av macken som mötesplats och skvallercentral.

"Vid alla normala mackar finns alltid en uppsättning medborgare som bara hänger. De befinner sig strax utanför, halvt innanför eller helt och hållet bakom vad som på bensinmackar – i det nuvarande virrvarret av oljebunkar, reservdelar, riksförbundets profiler, specerier, läskedrycker, longpläjare, chokladpraliner och veckortidningar – tjänstgör som disk. De livar upp sin tillvaro med att röka, bläddra i tidningar (ett privilegium som endast varje macks auktoriserade hängare åtnjuter), frågar den vakthavande servicemannen vem det var som ringde och stirrar storögt och ingående på alla utsocknes kunder."

Berndt är en av de mest genuina bensinmän jag någonsin stött på. Han lever för macken och än idag, när den ingår i Bilistenkedjan och sonen tagit över, kommer han ner och hänger. Och hur var det nu med tatueringen undrar jag.

– Jo, när jag började här hade jag Shells blå byxor och blå skjorta. På sextiotalet blev det beige overall med Shells snäckformade märke. På sommaren jobbade jag gärna med bar överkropp. Det blev jäkligt varmt här nedanför sluttningen. Det fanns bara en nackdel med det – Shellmärket saknades, men det löste jag. Berndt plirar med ögonen och tar av sig tröja och skjorta och visar stolt upp en tatuering.

– Jag är nog Sveriges ende bensinman med Shellsnäcka på överarmen.

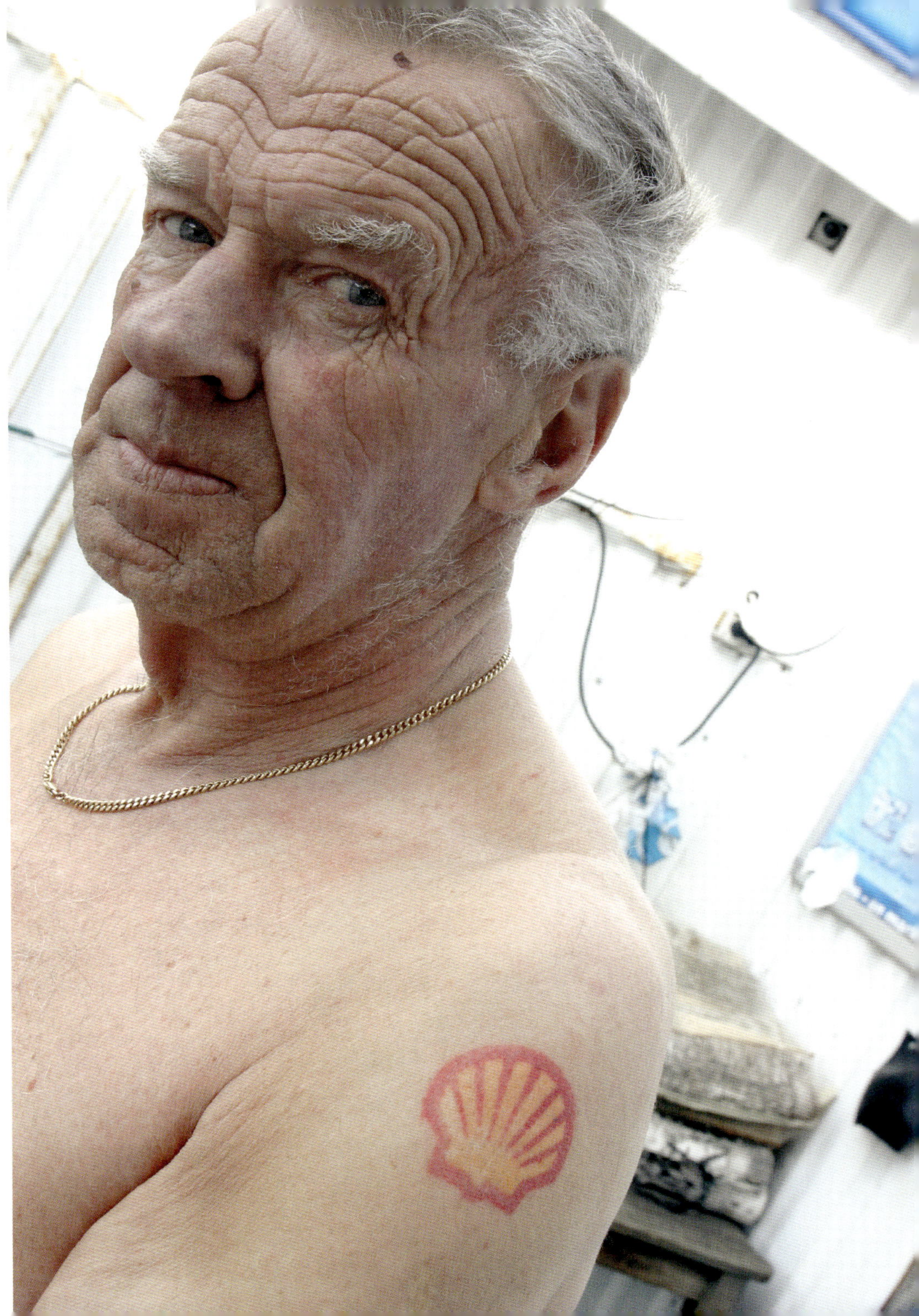

Esso

Nya motorvägen blev slutet för Nalles

GÖSTA BJÖRN [T.H.], ALIAS NALLE, JOBBADE MER ELLER MINDRE DYGNET RUNT

Längs gamla Rikssexan, på väg mot Örebro, ligger ett stort, övergivet motell. Den öde parkeringen skulle säkert kunna svälja att par hundra långtradare. Löpsedlar från 15 juli 2009 sitter kvar och det kan inte varit så länge sedan som Nalles tog ner skylten.

När den nya motorvägssträckningen Arboga–Örebro invigdes vid millennieskiftet blev läget mycket sämre för Nalles. Trots det fortsatte yrkeschaufförer att köra den lilla omvägen hit, både på grund av de goda räkmackorna och den gigantiska parkeringen. Ägaren hette Gösta Björn, därav det vitsiga namnet Nalles.

– Det var farsan som startade Nalles 1964, men då hade vi bara matserveringen och Essomacken, berättar sonen Sven-Olle.

Nalles blev den självklara träffpunkten för många av de chaufförer som trafikerade gamla Rikssexan. Hit kom ”Luffarn”, ”Vilma”, ”Galento”, ”Skara-Lasse” och alla de andra. Nattetid kunde det stå flera hundra långtradare på parkeringen.

Gösta Björn brukade fixa kaffe och falukorvsmackor till sina gäster. Han hade även några tältsängar ovanpå verkstaden för de som inte ville sova i bilen. Det var på så sätt han fick smeknamnet ”tradarchaufförernas pappa”.

– Gubbarna fick sova gratis, om han hade tagit betalt hade han fått myndigheterna på sig, berättar sonen. På den tiden var lastbilshytterna inte så ombonade som idag, så det var många som utnyttjade Nalles övernattning.

Sömn var inget som Gösta Björn hade tid för. Enligt en intervju i facktidningen Trailer 1981 jobbade han 13 år i sträck utan att sova en enda natt i sin egen säng. Hans fru jobbade på kontoret på dagarna.

– Annars hade hon aldrig fått se mig.

På senare år drog han ner på tempot och nöjde sig med att jobba dagtid, men det blev ändå tolv timmar varje dag. Det kan låta ansträngande när man är drygt 60 år men Gösta Björn beklagade sig inte.

– Oj, oj, oj. Nu har jag det bra. Det var annat förr. Gick det i 400 liter i en långtradare kunde man somna medan man stod och höll i munstycket.

Nästa satsning blev en barservering med ett trettiotal platser. Men den blev snabbt för liten och byggdes ut 1968. Och två år senare

GÖSTA OCH SONEN SVEN-OLLE VID DET FRAMGÅNGSRIKA MOTELLET 1985

slog Nalles på stort. Anläggningen utökades rejält och Nalles Motell och Taverna blev en av landets största med 40 anställda och matservering dygnet runt.

Värsta ruschen brukade vara mellan 22.00 och 01.00. Då var det kö för att få tanka och kö i serveringen. Varma rågsiktsmackor med skinka och ägg var en specialitet.

Nalles är också berömt för att det var här som den efterspanade polismördaren Ioan Ursut greps. Han hade tagit in här på ett av rummen under falskt namn men kändes igen av en gäst som larmade polisen.

Idag står den stora motellanläggningen vid gamla riksväg 6 utanför Arboga helt öde. Kanske läge för en ny arbetsmyra att ta över. Många kvadratmeter står bara och väntar på ny ägare.

SVERIGE HAR SEDAN FEMTIOTALET HAFT ÖVER 150 MOTELL. I DAG ÄR DE FLESTA STÄNGDA

Ett unikt båtvarv i Roslagens famn

Det känns som rätt dag redan i bilen på väg norrut genom Roslagen. Det är en makalöst solig vårvinterdag. Så här års börjar alla båtägare att tänka på sommar och semester. Målet är Norrvikens båtvarv, ett av de sista i skärgården.

Efter Norrtälje viker man av österut mot Vätö. Isen ligger kvar i sundet, men är för skör för skridskoåkning. Passerar Hargs Folkets Hus, Konsum och enstaka trähus med verandor och sirliga snickerier. Det känns som en levande trakt.

Småbåtsvarv började byggas längs våra kuster vid förra sekelskiftet. Sommargästerna ville ha fritidsbåtar och de skulle byggas i mahogny. Det var dyrare men hållbarare och – inte minst – modernare. Den första av C G Petterssons stilbildande skapelser sjösattes 1907. Hittills hade båtbyggarna kunnat hålla till utomhus och bygga allmogebåtar för fiske. Mahognybåtar var svårare att bygga eftersom man följde ritningar. Arbetet tog längre tid så det krävdes att man även utnyttjade vintersäsongen, alltså behövdes stora lokaler så man kunde bygga under tak.

Äntligen är jag framme vid Norrvikens varv. Karl-Ivar Fredriksson kommer ut och frågar om jag vill ha kaffe. Hade hoppats på den frågan och plockar fram påsen med semlor. Vi fikar lutade mot den varma båthus-

väggen. På granntomten noterar jag en styrhytt som är ombyggd till sommarstuga.

Karl-Ivar berättar att det var hans pappa – ”Sucken” – som drog igång verksamheten 1919, men att det redan då byggdes båtar här.

– Härinne byggde vi alla träbåtar förr, säger Karl-Ivar när vi gått in i en stor byggnad där det är dunkelt och kallt. Du ser gammalt virke uppe i taket. Det är hondurasmahogny som förvarats där i minst femtio år. Den sista mahognybåten byggde vi 1957. Det var min egen passbåt, allmänt kallad ”Gubbracern” härute. Den gjorde trettio knop och var

snabbast i trakten. Vindrutorna var gjorda i det sprillans nya materialet glasfiber.

”Gubbracern” är verkligen en skönhet. Glänsande ädelträ och starkt turkos galonklädsel. Karl-Ivar berättar med yrkesmannens stolthet att glasfiberrutorna fick lov att böjas med ånga för att få det rätta racerbåtsutseendet. Och att han tillverkade sina egna vattenskidor.

– Jag åkte en del efter den båten, så snabb var den. Mina söner kör fortfarande med den. Prins Bertil beställde för övrigt en snarlik racerbåt av oss som han körde med nere i Medelhavet.

Under varvets storhetstid jobbade uppåt femton man här. Flottan gjorde stora beställningar på barkasser och jollar, framförallt under kriget. NK:s båtavdelning beställde också många lyxiga fritidsbåtar. Andra storkunder var Gösta Berghs Båtfirma, Båttjänst och Archimedes. Och så hade vi förstås många privatkunder, berättar han.

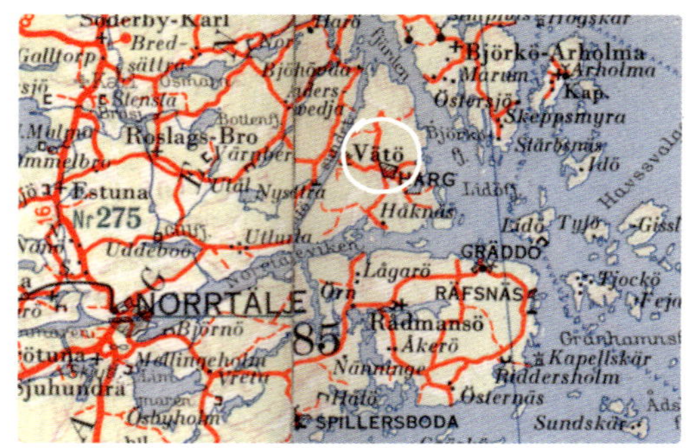

KARL-IVAR FREDRIKSSON ÄR ÄNNU STOLT ÖVER "GUBBRACERN" I MAHOGNY SOM HAN BYGGDE 1957

HELA VARVET ÄR ETT ELDORADO FÖR BÅTNOSTALGIKER: SKYLTAR, MOTORER, VERKTYG, FÄRGBURKAR – ALLT FINNS HÄR

Att köpa båt på femtiotalet var inte som att köpa bil, får jag veta. Det fanns ingen serietillverkning. Den som hade pengar gick till den populäre båtbyggaren C G Pettersson vid Liljeholmen eller till Jac M Iversens försäljningskontor vid Nybroplan. Där valde man en modell och köpte ritningen och rätten att låta bygga ett exemplar av båten. Sedan tog man med sig ritningen till ett varv. Det fanns många att välja mellan: Neglinge, Djurö, Sjöexpress, Hästholmen, Boghammar. Båten byggdes sedan mot avbetalning. Varvet behövde kontanter för att göra mer materialinköp och ville också gardera sig mot att köparen skulle hoppa av under resans gång.

– Vi hade två specialiteter här på varvet. Den ena var sightseeingbåtarna till Stockholm. Det var sjutton meter långa skapelser i mahogny som skulle gå under stans broar. De var så långa att aktern fick lov att sticka ut genom dörren medan vi byggde dem. Vi hade också vår egen modell – Vätöbåten. Den hade farsan ritat och den blev väldigt populär här uppe i Norra skärgården.

Vi går över till Sågen som idag fungerar som mastskjul. Vi passerar den nedlagda båtmacken, också en återanvänd styrhytt. Här ligger gamla bensinfat från Krooks, Caltex och Nafta. Även inne i Sågen finns tydliga rester från den tidiga mackepoken. Dammiga emaljskyltar för Gargoyle, Standard och Mobil står lutade utmed väggarna till

MÄRKLIGAST AV ALLT ÄR LAGRET AV MAHOGNY SOM LIGGER STAPLAT UNDER TAKNOCKEN

hälften dolda av annat gammalt bråte. Antika utombordare hänger på bockar med tygöverdrag. Lyfter man lite på förlåten ser man att det rör sig om rariteter som Archimedes, Evinrude och Rambler, säkerligen ganska svårstartade idag, men oerhört snygga.

– Vi har haft en hel del problem med "snurretjuvar" här i Norrviken. På nätterna kan man höra ljudet av en båtmotor här i viken. Det kan vara tjuvar som är ute på spaningstur. En olåst utombordare är lätt att bara lyfta av, så vi måste gardera oss.

Karl-Ivars båtvarv har varit stängt länge nu men på ett märkligt sätt verkar varvet leva vidare. Här finns alla verktyg som behövs för att bygga en träbåt. Mallar för skrov och för sidorutor hänger på sina platser. I ekförrådet ligger ämnen till stävar, spant och balkar. Maskinparken är enkel och drivs av transmissionsremmar i taket. Burkar med lack och färger från femtiotalet står kvar i hyllorna. Just de och en gul träback med små Coca-Cola-flaskor är kanske mer prydnadsföremål idag.

Den största byggnaden, båtskjulet, är tom så när som på en stor Vätöbåt som heter Sjöhäxan. Den är 10 meter lång. Normalt är en Vätöbåt bara 7,60 meter, berättar Karl-Ivar. Han berömmer Sjöhäxans ägare för att han inte hårdrenoverat båten. Den är inte fernissad på flera år. Det behövs inte heller. Det viktiga är att man varje år bottenmålar och vinterförvarar motorn rätt.

Karl-Ivar tycker att vi ska avrunda med en fika i köket hemma hos honom.

Han kånkar ner en låda med ritningar,

Penta
VACUUM OIL COMPANY
Mobiloil

DRICK
Coca-Cola

Riviera
TRICK
Riviera
TRICK

GW

Coronet

Ockelbo

Fabi-de Luxe
Fabi-de Luxe

NORRVIKENS BÅTVARV FÖRTJÄNAR ATT RÄDDAS ÅT EFTERVÄRLDEN. INTRESSE FINNS, MEN SPONSORER SAKNAS

riktiga dyrgripar, säger han. Han visar stora gulnade ark utförda med anilinblå penna. De är från 1930-talet och framåt och signerade av landets bästa båtkonstruktörer.

– C G Pettersson samarbetade med farsan och var ofta här på varvet, berättar Karl-Ivar stolt. Det var faktiskt farsan som kom på akterruffen, och den nymodigheten tog Pettersson efter.

Nu på gamla dagar vill Karl-Ivar sälja varvet, gärna till någon som kan göra museum av det. Han beklagar att både Norrtälje kommun och Statens Maritima Museer avböjt förslaget. I bägge fallen har man sagt att

”det vore en bra idé, men att det inte ryms inom budgeten”. Länsantikvarien har dock sett till att taken lagts om, för att förhindra att husen skulle förstöras. I en inventering av Stockholms skärgårds småbåtsvarv 2008 placerar utredaren Gunilla Larson Norrvikens varv i en klass för sig.

”Varvet är ett av länets bäst bevarade småbåtsvarv med helt intakt varvsmiljö i sitt ursprungliga skick, med verkstad, snickeri, båtskjul, slipar med slipvagn och all inre utrustning som verktyg och maskiner”.

Jag lämnar den gamla skuthamnen och Norrvikens nedlagda varv med en känsla av att ha gjort en tidsresa. Transmissionsremmar, handbyggda träbåtar i mahogny, Gargoyleskyltar och doften av piptobak och båttjära. Ännu finns den här genuina miljön kvar. Men hur länge?

Z-
BENSIN
DIESEL

En K-märkt mack, ensligt belägen

”Ödslighetens storhet sveper som en mörk skugga, som en rovfågelsvinge i stormen, över hela landskapet; armodets poesi bäddar in alla föremål som i mossa. Härjedalen i regnväder var en enda symfoni i grått och svart och blågrått och gult, och man kände att här såg det ut idag som för tusen år sedan.”

Fredrik Böök,
Resa i Sverige, 1924

BENSINMACKEN I SKÅLAN, HÄRJEDALEN, 1960-TAL

Jag hade sett macken många gånger på åttiotalet från bussfönstret. När barnen var små åkte vi flera år i rad på sportlovsresa till Ljungdalen. De sista milen efter Åsarna färdades man på en smal, slingrande väg längs Ljungan.

En av de första små byarna var Skålan. På den här tiden saknade de flesta hus man såg på landsbygden i Norrland färg och var väderbitet ljusgrå. En renoverad privatbostad var en raritetet. Skålan var inget undantag.

På norrsidan av vägen låg ICA-affären i ett slitet hus. Fasaden runt ingången hade brunmålats någon gång för många år sedan , troligen för att ge ett modernare intryck. En ensam, vit bensinpump stod i givakt bredvid kåken.

Man kunde tanka här och affären var, trots sitt slitna skick, öppen. Det framgick, om inte annat, av parkeringen där snöskoter och Volvo 142 var de vanligaste motorfordonen. Några kunder hade kommit med spark också.

Lite längre fram i byn och på andra sidan vägen låg själva macken. En av de snyggaste små bensinstationer jag någonsin sett. Kiosken hade ett oregelbundet, utskjutande snedtak. I skydd under det stod två gulvita pumpar med BP:s gröna sköld. Ovanpå taket tronade en gulsvart reklamskylt för Trelleborgs däck. Allt mycket prydligt underhållet och väl underhållet.

Bussen gjorde inget upphåll i Skålan så jag fick nöja mig med en snabb observation från bussfönstret. Senare har jag tagit reda på lite mer fakta om denna ensligt belägna mack som blev byggnadsminnesmärkt år 2000.

Zachris Handler hade en liten mekanisk verkstad i Skålan i början av femtiotalet. Fler och fler i trakten hade skaffat bil. Det fanns pengar att tjäna som en följd av bilismen. Zachris Handler bestämde sig för att öppna en mack och för att få inspiration till utseendet åkte han runt i trakten och kollade hur små bensinstationer kunde se ut. Han fastnade för ett litet stationshus, eller ska

PÅ 1970-TALET BLEV DET BP SOM LEVERERADE SOPPAN

man säga kiosk, med utskjutande snedtak som vilar på två pelare.

Hemma i Skålan igen byggde han både bensinstationen och ett boningshus intill med utsikt över Ljungans vatten. 1953 var allt klart och Zachris Handler kunde ta emot de första kunderna. Han hade skrivit kontrakt med bensinbolaget Nynäs och var även representant för Goodyears däck. I kiosken kunde man, förutom biltillbehör, köpa läskedrycker och godis. Det enda jag vet är att allting rullade på bra under femtio- och sextiotalen.

Det senaste decenniet har jag gjort en vårvintertur i Jämtlands och Härjedalens fjälltrakter med vänner. Flera gånger har turen avslutats i Ljungdalen där vi tagit skolbussen via Åsarna till Östersund och nattåget.

Macken i Skålan är definitivt en av bussresans höjdpunkter. Tack vare insatser från Jämtlands läns museum har Zachris Handlers originella hembygge – i branchen kallat sittande hund – blivit byggnadsminnesmärkt år 2000. Därmed är den räddad för all framtid.

Macken är i toppskick. Det utskjutande snedtaket håller pumparna fria från snö och regn. Kiosken är renoverad. Läget är bra, speciellt sedan den smala vägen äntligen förbättrats och nu tål den årliga tjällossningen. Egentligen är det bara kunder som saknas. Varför inte starta ett turistfik här. Att kränga kaffe verkar ju vara 2000-talets vinstmaskin.

ÄVEN POSTBUSSEN KAN FÅ SOPPATORSK

På fel sida av vägen

"I turismens långa historia är det ett element som särskilt slår en. Den viktigaste turistattraktionen verkar vara de andra turisterna. Vi lägger ner mycket tid och energi på att observera och kommentera våra medresenärer. På stranden, caféet eller piazzan förvandlas vi till amatörsociologer. På kvällen delar vi med oss av våra observationer till våra resekamrater:

"Såg du det där tyska paret? Dom där kanadensarna var verkligen..."

Orvar Löfgren,
On Holiday, 1999

UNDER MÅNGA ÅR STOD JÄVRE TURISTSTATION OCH FÖRFÖLL. BILDEN ÄR FRÅN 1996

Tanken var god. Semestrande bilister skulle stanna till vid den vackra havsviken och få tips om Norrbotten. Vintern 1966 byggdes Jävre Turiststation, en av Norrlands och hela Sveriges mest moderna byggnader. Här fanns stugby, motell, bad och fiske. Allt verkade bra. Det var bara ett fel. Den placerades väster om vägen. Bara ett år efter invigningen gick Sverige över till högertrafik och den spektakulära turiststationen stod isolerad utan avfart för bilister på väg norrut.

Beställaren, Norrbottens Turisttrafikförbund, såg framför sig en turistportal där bilisterna skulle stanna till, köpa vykort och hemslöjd samt boka logi inför den fortsatta resan norröver. Byggnaden skulle helst vara så uppseendeväcklande att turisterna stannade till. Och så blev det inledningsvis.

Gunnar Lehtipalo och hans ingenjörsbyrå hade redan vunnit två arkitekttävlingar i Luleåtrakten; Tomteland på Luppioberget och turistanläggningen vid Kukkolaforsen. Bägge förslagen var spektakulära och Lehtipalo hade jobbat fram dem med firmans

ungerskfödde arkitet, István Paroslay. Huset i Kukkola påminner om turiststationen, med den skillnaden att fasaderna kläddes med mörkbrun träpanel. I Jävre valdes Lehtipalo korrugerad plåt.

Gunnar Lehtipalos son Jan arbetar idag som arkitekt i Finland och minns att inspirationen till turiststationen kom från Italien.

– På familjens bilsemestrar i Sydeuropa letade pappa hela tiden efter spännande arkitektur som kunde ge inspiration. Vi bilade på de italienska autostradorna och han stannade ofta för att ta foton av Mottas och Pavesis vägkrogar, byggda som broar över motorvägen. Det var den typen av modernistisk arkitektur som pappa gillade. De blev förebild när han 1965 började skissa på utseende för det nya bygget i Jävre.

Första förslaget var en glasad låda på betongben som sträckte sig som ett brospann över E4:an, men det sa Vägverket nej till. Även en placering vid Jävreviken ratades och så hamnade turiststationen på motsatta sidan av vägen, intill en stugby.

PAVESIS VÄGRESTAURANG I NORRA ITALIEN 1963

TYDSTYPISKT ARRANGERAT VYKORT FRÅN 1966

Turiststationen kostade en halv miljon att bygga och sommaren 1966 var det dags för invigning av Gunnar Lehtipalos futuristiska skapelse. Lokalpressen var hänförd och trumpetade ut att turiststationen var den första i sitt slag i Europa.

Än så länge var det ingen som klagade över att stationen hade byggts på vänster sida av vägen. Den andra sommaren hade stationen hela 37 000 besökare. Vid högertrafikomläggningen i september 1967 hamnade den på fel sida av vägen. Bilturister på väg norrut fick nu lov att köra på en bit mot Piteå och vända för att kunna bli omhändertagna av turistvärdinnorna. Det fanns de som gjorde en livsfarlig vänstersväng över mötande körfält också. Både stationen och värdinnorna besatt en stark dragningskraft…

Sommaren 1966 fick Luleåfotografen Gunnar Bergbom i uppdrag av Turisttrafikförbundet att ta några tidstypiska reklambilder som visar en bilsemestrande kärnfamilj under en badpaus i Jävre. En av bilderna blev ett mycket populärt vykort. Fotograf Bergbom är pensionär idag, men minns tydligt fotosessionen.

– Budgeten var inte så stor så fotomodellerna fick jag hämta på turistkontoret i Luleå. Blondinen fick sätta på sig en rutig bikini och kontorets fiskeexpert poserade i badbyxor. Jag ville med bilden visa att Jävre inte bara ligger vid E4:an utan även vid en badvik. Två barn och en gullig hund skulle förstärka känslan av idyllisk bilsemester, givetvis i strålande solsken.

Det blev en hel serie bilder på familjen, alltid med stationen som fond, men vykortsbilden blev bäst.

Högertrafikomläggningen var givetvis ingen nyhet för de som planerat bygget. Man räknade optimistiskt med att turisterna på väg mot Nordkalotten skulle klara att svänga över vägen och in till Jävre Turiststation.

En och annan bilist tyckte ändå att det var för svårt och farligt att göra den skarpa vänstersvängen över E4:an, framförallt när det var tät trafik på vägen. Därför valde många potentiella besökare att strunta i att stanna. Däremot svängde en del turister in på vägen hem när stället låg på rätt sida.

Med facit i hand kan man säga att Vägverket borde ha satsat på Lehtipalos första förslag med en "italiensk" station som en bro tvärs över vägen. Något senare godkändes planerna för två sådana anläggningar, Gävlebro och Nyköpingsbro, som blev de första motorvägscaféerna av den typen i Sverige.

För Jävre Turiststation blev det trots allt tolv hyggliga säsonger tills anläggningen stängdes 1977. Året därpå såldes den och fick sedan sova Törnrosasömn i 25 år. Under en kort period fungerade den som reception till stugbyn. Ett tag bodde en Jävrebo på övervåningen, något år hyrde en mattfirma in sig. Allt medan byggnaden förföll.

CAMPINGEN I JÄVRE PÅ TRETTIOTALET

Området vid den vackra Jävreviken var tidigt en omtyckt rastplats för Norrlandsturister. Redan 1934 startade Julia och Paul Höglund en turistpark i Jävre. Förutom café hade man också byggt en kiosk intill Rikstretton. Den nya tennisbanan användes även för dans. Dessutom fanns nymodigheten miniatyrgolf, en av landets allra första banor.

Höglunds hade sju stugor för uthyrning, alla med tidstypiska namn; Blåkulla, Sommarro, Morgonsol, Västanbo, Lyckeby, Furubo och Tomtebo. Vid midsommar ordnades fester med artisuppträdanden, dans och skjutbana. Dessutom fanns en tältplats intill parken, där det kunda vara upp till femhundra tält.

Turistparken hade även öppet vissa

UPPRUSTAD OCH PÅ RÄTT SIDA AV VÄGEN. ÅTERINVIGNINGEN 2003 BLEV EN PUBLIKSUCCÉ

vintersöndagar på trettiotalet och ibland arrangerades tävlingar i hoppbacken. Rekordet låg på 31 meter.

I och med att semesterlagen infördes 1938 blev turismen mer rörlig. Fler och fler bilar passerade Jävre som även hade en busslinje till närbelägna Piteå. Strax före andra världskriget hann Höglunds även bygga klart en större danspaviljong. "Övre Norrlands obestridligt största danspaviljong" hette det i annonserna.

Turistparken var igång fram till 1942. Då köptes stugorna av Jävreborna Elof och Sally Söderberg som flyttade dem längre norrut. Så föddes Pite havsbad med sin reklamslogan "Norrlands Riviera". Sedan dess har anläggningen utvecklats och vuxit till något mycket mer än en stugby. Det var dock så det började.

Det var när den nya Europavägen invigdes 1962 som det var dags för nästa satsning i Jävre. Sigurd Engström som ägde marken närmast Jävreviken hade noterat att Turistparken var populär på sin tid. Folk ville stanna just i Jävre för att bada, fiska och njuta av havsutsikten. Den innersta delen av viken fylldes nu ut för att man skulle få mer mark. Till en början byggdes tio små trähus, men efter hand tillkom fler stugor och till slut hade Brännström en U-formad semesterby med 25 hus.

En nybyggd Shellmack och ett litet motell gjorde Jävre till en komplett turistfälla. Idén att bygga stugby var hämtad från USA där bilister ända sedan 1920-talet kunnat ta in för natten i enkla tourist cabins strategiskt utplacerade längs kontinentens highways.

Pricken över i blev kommunens Turiststation, som byggdes år 1966 efter arkitekt Gunnar Lehtipalos ritningar. Efter tolv år upphörde verksamheten och i gott och väl tjugofem år stod huset och förföll. Tillfälliga hyresgäster avlöste varandra och från 1990 var det helt övergivet. Inte många brydde sig om anläggningen och dess öde.

1999 satte Piteå kommun in en annons om anbud på rivning av fastigheten. Då fick man reaktioner. Lokalbefolkningen gillade sin märkliga byggnad och insändarskribenter hörde av sig till Piteå Tidning.

”Att ta bort turiststationen skulle vara lika dumt som att riva Big Ben i London eller Eiffeltornet i Paris.”, skrev en av dem.

I folkmun kallades Lehtipalos turiststation för ufo-huset. Det har också liknats vid en gigantisk, tillplattad teveapparat eller entrén till ett ryskt rymdcenter. Och visst vilar det en sorts öststatsstämning över betongskapelsen där den ligger granne med granskog, hav och motorväg. De som sett den stängda anläggningen med sin slitna blågrå plåtfasad förstår hur nära det var att ”vän av ordning” fick igenom en rivning. Det brukar bli så.

Nu engagerade sig dock även Norrbottens museum för Jävre Turiststation. Riksantikvarieämbetet hade också, efter en lång startsträcka, börjat få upp ögonen för byggnader med anknytning till bilismen. Länsstyrelsen föreslog en byggnadsminnesmärkning.

Av en lycklig slump funderade Vägverket på att anlägga en ny, modern rastplats i krokarna. Varför inte vid Jävreviken? Området fick en plan som antogs av Jävre byamän, Piteå kommun och Vägverkets norra region. Tillsammans ville man skapa en helhetslösning för alla vägar och hus i Jävre. Turiststationens sextiotalsstil skulle prägla platsen och styra eventuella nybyggen. Med hjälp av pengar från kommunen, EU, länsstyrelsen och Vägverket påbörjades en upprustning och även rastpatsen Avfart Jävre byggdes.

Våren 2003 blev Norrbottens Turist-station byggnadsminnesmärkt och i juni samma år ägde den storstilade återinvigningen rum. Vi fick bland mycket annat veta att byggnaden är möjlig att hyra för konferenser och fester.

– Det är bara en sak som är tråkig och det är att pappa inte fick vara med här idag, sa Jan Lehtipalo mitt bland allt folk på invigningsdagen. Men jag är mycket stolt!

Det blev en festlig dag. Många kom i tidstypiska kläder. Sextiotalsbilarna glänste ikapp på parkeringen och någon hade till och med kört dit i en likadan vit Simca som den på Gunnar Bergboms vykort, som för övrigt fanns i nytryck. Den nya generationens turistvärdinnor bjöd på smittande leenden och Coca-Cola i glasflaska. Tidiga Rolling Stoneslåtar varvades med Monica Zetterlund och Miles Davis. Man kunde för en stund faktiskt få för sig att sextiotalets framtidsoptimism inte tagit slut.

Vid ett återbesök våren 2010 har det hänt ytterligare saker i Jävre. Borta är stugbyn, det enkla motellet och den trista grillbaren. Istället finns ICA Fyren med Shellmack. Yrkeschaufförer kan få låna nyckel till duschrummen. Är man hungrig finns sedan två år tillbaka vägkrogen Marcus Dinner. Och nere vid Jävrevikens fiskeläge kan man köpa rökt fisk eller fynda på loppis.

Inne i Turiststationen finns, precis som förr, hjälpsamma turistvärdinnor som informerar om sevärdheter och boende. I vardagsrummet på övervåningen kan man sjunka ner i en läderlappsfåtölj, lyssna på sextiotalspop, bläddra i en gammal LIFE eller bara spana ut över havet. Så här bra kan en rast på bilsemester längs en gammal riksväg vara!

TURISTVÄRDINNOR I SEXTIOTALSRETRO PASSADE IN PERFEKT VID ÅTERINVIGNINGEN 2003

Tack

Utan alla hjälpsamma personer hade inte denna bok gått att göra.
Tack för ovärderliga insatser!
Leif Andersson, Lennart Backlund, Marianne Bernvall, Tommy Bäckström, Mattias Engdahl, Thomas Carlquist, John Eyre, Bo Gahm, Linda Gustafsson, Tomas Jönsson, Anne Lagerdahl-Willis, Patrik Muskos, Marcus Müller, Lena O. Pasternak, Jörgen Persson, Martin Willis och Pereric Öberg.

Bildförteckning

AB Svenska Aero-Bilder · alla flygfoton

Martin Willis · s 2, 3 nedre, 10, 9, 11,20, 21, 22, 23, 26, 27, 28, 29, 31, 46, 47,48, 49, 51, 52 nedre, 67, 68, 69 övre, 70 övre, 71, 73, 74, 75, 76, 77 övre, 95, 97, 98

Göran Willis · s 19, 25, 36–41, 38– 41, 59–61, 65, 69 nedre, 70 nedre, 113–123, 126, 128 höger, 129 nedre, 133 nedre, 134–135

Gunnar Bergbom · s 132
Gösta Björns familjealbum · s 107
John Craft · s 14 nedre
John Eyre · s 16, 88, 89 höger, 90, 91, 92 nedre, 93 nedre till höger
Håkan Flank · s 77 nedre, s 78–79
Monika Franzon · s 44-45, 87, 89 vänster, 92 övre, 93
Gotlands Allehanda · s 61 nedre höger
Familjen Sune Jacobssons familjealbum s 59, 61 vänster, 62–63
Jämtlands länsmuseum · s 125, 127–128
Bo Ingvar Jönsson · s 5–8
Jörgen Knutsson · s 131
Gunnar Lehtipalos familjealbum · s 132
Lenart Nordstedt · s 101
Lennye Osbeck · s 109
Postens Tryckeri · s 129 övre
Privat · s 103
Tidningen SE · s 14 övre
Skånska Dagbladet · s 15
Jan Strandberg · s 37
Västergötlands länsmuseum · s 35
Warner Bros · s 36

Omslagets framsida · Munkedal, Håby Motor AB, O-län, 1969
Försätts · Evertsberg, W-län, 1960
Eftersätts · Tingstad, E-län, 1958

Länsbokstäver

Förekom på registrerings-skyltar fram till januari 1972

A	Stockholms stad
B	Stockholms län
C	Uppsala
D	Södermanland
E	Östergötland
F	Jönköping
G	Kronobergs
H	Kalmar
I	Gotland
K	Blekinge
L	Kristianstad
M	Malmöhus
N	Halland
O	Göteborg och Bohuslän
P	Älvsborg
R	Skaraborg
S	Värmland
T	Örebro
U	Västmanland
W	Kopparberg
X	Gävleborg
Y	Västernorrland
Z	Jämtland
AC	Västerbotten
BD	Norrbotten

LANTHANDEL